新潮OH!文庫

県民性の人間学

祖父江孝男

JN285125

新潮社

県民性の人間学

県民性の人間学――目次

関東地方の人柄診断

北陸地方の人柄診断

中部地方の人柄診断

近畿地方の人柄診断

中国地方の人柄診断

四国地方の人柄診断

九州地方の人柄診断

プロローグ
県民性はたしかに実在する！

なぜ県民性に興味を持つのか

最近はやり始めたもののひとつに「自分史」ということばがある。自分自身のライフ・ヒストリー、つまり「生い立ちの記録」ということで、「あなたの自分史を出版してみませんか」という出版社の広告があちこちの雑誌に載るようになって急に関心をあおるようになってきたらしく、私の周辺で私と同じ世代の人々のなかには、自分史を出版したひとたちが何人もいる。NHKが週日の午後に毎日やっている人気番組「スタジオパークからこんにちは」は有名な芸能人などにいろいろインタビューするものだが、そのひとつの目玉がそのひとの生い立ちの記録なのである。こうしたライフ・ヒストリーで、幼年期や親の世代までさかのぼっていくと、必ず出てくるのが故郷や、生まれ育った地域の思い出だ。その思い出に登場するのは、いかにもその土地に密着して暮らしてきた人たちである。

「県民性」に思い当たったり、興味が湧いてくるのはそんなときである。自分のルーツを、出身県に求めたくなってくる。それぞれの県や地方に、長い間受け継がれてきた特有の気質があって、それが自分の性格にも反映されているのではないかと考える。よくいわれる「○○人気質」というものである。

けれども、そんなものが本当に実在するのだろうかという疑問も、また浮かんでくる。

県民性は本当に実在するか

私たちは、初対面のひとに、何気なく、「ご出身はどちらですか」と聞くことがある。たいして深い理由はないのだが、出身県がわかるとなぜか納得することもある。

日本はいうまでもなく小さな島国である。たしかに沖縄と北海道の自然環境には大きな違いがあるが、これだけ交通網が整備されマスメディアが発達した現代にあって、出身県がどれだけの意味を持つのか、考えてみれば不思議なことである。

にもかかわらず、私たちは相手の出身県がわかると、なにかそれまで見えなかったものが見えたような気になることがある。

たとえば東北地方の出身と聞いただけで、「無口」「保守的」「内向的」あるいは「我慢強い」などのイメージを持ってしまう。九州地方出身と聞くと、「情熱的」「陽気」

「外向的」「質実剛健」といったイメージを浮かべる。

そんな場合、当然、大きな疑問が湧いてくる。「はたしてイメージ通りの性格なのか」という疑問だ。県民性というものを、どこまで信じていいのかという疑問である。

これは、突きつめて考えれば「県民性は実在するか」という疑問でもある。青森県出身なら、誰でも無口で内向的とはかぎらない。おしゃべりで外向的な人もいるだろう。鹿児島県出身の人でも、陰気でクヨクヨ悩むタイプの人がいるだろう。したがって、固定観念に当てはめて相手の性格を決め付けるのは、はなはだ危険なのである。

濃淡はあっても県民性は実在する

誤解のないように最初に断わっておくと、県民性とは多分にイメージであることが多い。いま述べたように、東北人といえば暗くて内向的と思われ、九州人といえば明るくて情熱的に思われるのもイメージのせいである。東北と九州の風土的なイメージを、そのまま性格に反映させている。

そのイメージに当てはめて他県人を解釈すると、相手の性格を一部しか見ていないことになる。青森県人を無口だと思い込んでしまうと、初対面の人が青森出身と聞いただけで、「この人は無口な人だな」と決め付けかねない。

けれども、いろいろなデータにあらわれた数字や、その地域の人だけの集まりを見ていると、なるほどたしかに県民性は実在するなと思うことが多い。

事実、ほとんどの県には最大公約数的な性格特徴が実在する。それがはっきりあらわれる県と、ばくぜんとしたままの県に分かれることはあっても、県民性が実在するとしかいいようのないケースが多いのだ。

ではいったい、この狭い日本のなかで、なぜ県民性が生まれてきたのだろうか。

県民性をつくるのは風土と歴史

群馬県といえば「カカア天下に空《から》っ風」となる。これが県民性の実像かどうかはさておいて、風土や歴史が県民性とどんな関わりを持つのか考えてみたい。

群馬県（上州）は古くから養蚕《ようさん》と織物業が盛んだった。これには風土的な理由がある。県土のほとんどが山地であり、一年の半分近くも季節の空っ風が吹きまくる気候条件では、どうしても畑作が中心となる。しかし、現在のように交通が発達していなかった時代は、麦や野菜だけで生計を立てるのは難しい。換金作物や、家内工業が必要になる。幸い、桑の生育には寒冷な気候が適している。そこで発達したのが養蚕であり、織物業である。

カイコを育てるのも、機《はた》を織るのも女手が中心だから、女性の経済力や発言力は強くなる。こうして生まれたのがカカア天下である。つまり、空っ風とカカア天下は密接につながっていることになる。風土が県民性に大きく影響している好例でもある。

上州名物をもうひとつ挙げるとすればヤクザの存在だろう。国定忠治や大前田英五郎といった歴史上の侠客《きょうかく》を生んだ地域だ。

上州はかつて、中仙道や三国《みくに》街道などが通る交通の要所だった。宿場が発達し、旅人が集まる。生業を女性にまかせているから男は遊び好きになる。賭博《とばく》が盛んになるからヤクザ者が増えてくる。

現在でも、群馬県にはあらゆるギャンブル場があり、全国有数のパチンコ王国でもある。ひとつの風土が長い年月をかけて培った県民性は、そう簡単に消えるものではないようだ。

県民性は自ら装う場合もある

「江戸っ子は宵越しの金を持たない」ということばがある。気前のいいのが「江戸っ子」の身上だから金なんか残さない、あるときはパーッと使ってしまうんだという威勢のいいタンカだが、この言葉が逆に江戸っ子の行動を規定する場合も多かった。

私自身、東京の下町生まれである。子供のころを思い出してみると、私の周囲には江戸っ子であることを誇りとしている職人が何人かいた。彼らはたしかに気前がよかった。ただしそれは、人が見ているときの話であり、誰も見ていないときは多分にケチであったように思う。

つまり江戸っ子は、周囲に人の目があるときは、「期待される人間像」として振る舞ったのであり、「江戸っ子」の名に恥じないように、気前のいいところを見せていたことになる。

似たような例は現代にも当てはまるだろう。鹿児島の「薩摩隼人」は男らしく振る舞わなければならない。北海道の「道産子《どさんこ》」ならおおらかに構えなければならない。そういったすでに定着したイメージに、それぞれの県民も自分を合わせて行動していることが多いのではないだろうか。

県民性はたしかにイメージだが、それは外から見たイメージだけではなく、内部の人間もまた、そのイメージに自分を合わせている場合も少なくないのではないかと思う。

すでに虚像と化した県民性もある

イメージとしての県民性には、実像もあれば虚像もある。あるいは、かつては実像だったものが、すでに虚像となっていることもある。

たとえば長野県の場合、「教育県」というイメージがいまだにつきまとっている。江戸時代の寺子屋の数も、明治になってからの小学校就学率も長野は全国一だった。そこから教育県と呼ばれるようになったのだが、現在は残念ながら虚像となってしまっている。大学進学率も全国平均を大きく下回っている。

北海道はどうだろう。開拓者精神、「フロンティア・スピリット」が道産子のなかに残っているだろうか。人間関係の新しさが、古い伝統やしきたりを追いやって自由な雰囲気をつくっているのは事実だが、それはもう「開拓者精神」とは呼べないだろう。あるいは佐賀県人に、いまでも「葉隠《はがくれ》」の精神が残されているだろうか。おそらく、尋ねられた佐賀県人が首をかたむけるだろう。

江戸っ子にも同じようなことがいえる。昭和三十年代から四十年代にかけての、東京都への激しい人口流入。そして、地価高騰で始まった周辺地域への激しい人口流出。この二つの大きな変動で、いまや下町といえども江戸っ子気質はあまり見られなくなった。東京の場合はもはや、首都圏地域として千葉や埼玉まで含めた大きなブロックと見なすべきだろう。

以上のような例は、どれもかつては実像で、現在は虚像となった県民性といえる。

一〇〇年の恨みを忘れない県民性

それぞれの地域の風土と歴史が県民性をつくると述べたが、この場合の歴史とは明治以前、つまり藩政時代までの歴史をいう場合が多い。その典型的な例として福島県の会津地方が挙げられる。

福島県はよくいわれるように、三つの地域に分かれている。太平洋に面した浜通り、新幹線などが通る中通り、そして会津盆地だ。

会津といえば白虎隊《びゃっこたい》の名が浮かぶほど、明治維新では辛酸を舐《な》めた地域である。薩摩、長州の連合軍に敗れ、生き残った会津藩士も多くは四散した。そういう憂き目を見ているから、会津人の薩長、特に長州に対する恨みは根深い。

会津人はよく強情だといわれる。勤勉で頑張り屋だが、頑固で閉鎖的な面もある。そういう性格は、維新で官軍に敗れたことでさらに強くなったのかもしれない。

会津若松の人と話していると、「この間の戦争で私どもは負けまして」といったいい方をよくする。てっきり第二次大戦のことかと思っていると、これが一〇〇年以上も昔の戊辰《ぼしん》戦争のことなのだ。

宗教も県民性に大きく影響する

富山をはじめとする北陸地方は、親鸞《しんらん》の創始した浄土真宗の影響が非常に強く残っている。それが勤勉で忍耐強い県民性を育てたといわれるが、たしかに富山県を例にとると、持ち家の比率や住宅の広さなどは全国第一位となっており、福井や石川もそれに続くなど堅実な性格がうかがわれる。

滋賀県の近江《おうみ》地方にも真宗の影響が残されている。近江商人といえば商売上手で知られるが、蓄財にも熱心で、そういった現世肯定の人生観は北陸地方にも共通するものだ。

北陸地方に浄土真宗が広まったのは一五世紀のことだった。比叡《ひえい》山衆徒に追われた蓮《れん》如《にょ》は、はじめ近江に逃れ、やがて越前吉崎にやってきて布教の拠点とする。

北陸の県民性はそれぞれに独自の個性を持つが、ストイックなまでの行動パターンや堅実性は、やはり浄土真宗の影響によるものである。風土と併せて、宗教が県民性を形づくる典型ともいえるだろう。

「江戸っ子」をつくり出した歴史的背景

全人口の七分の一が武士だった江戸では、商人や町人の生活に対しても武士の影響が強かった。

たとえば、商売をする場合でも、武士が相手となれば役人相手と同じだから、いまでいう饗応《きようおう》、つまり接待やリベート、裏金といったものが効果を持つ。金を使うことを惜しんでいては仕事にならない。迷っていてもダメで、即断即決しなければならなかった。

しかも、武士は表面的には金を軽蔑する風潮がある。そういった金銭観も商人や町人に影響を与えていった。

江戸っ子という言葉が生まれたのは、幕府が始まって一五〇年ほどしてからだという。三代続いて江戸育ちが江戸っ子の条件だから、ちょうどそれくらいの年月がかかったのだが、一方の武士は多くが田舎者である。参勤交代などで江戸に仮住まいする武士は、江戸っ子から見れば当然そうなる。したがって、腹のなかでは江戸っ子は武士を軽蔑していた。

一方では幕府のお膝元を誇りに思い、一方ではその幕府を軽蔑するという矛盾した感覚が江戸っ子気質であったが、これは近代になっても東京人に受け継がれていた。地方出身者を見下しながらも、役人にはへりくだる性格が生まれたのにはこういった背景がある。

大阪人の反官僚的な姿勢はどうして生まれたか

大坂の場合は、江戸に比べて武士の数が極端に少なかった。人口七〇万の大坂に、幕府直轄の武士はわずかに二〇〇人。あとは各藩の蔵屋敷に会計係の武士が二、三人いただけである。いかに商人の町であったかがわかる。

歴史作家の司馬遼太郎は、「大坂は封建体制の影響がもっとも少なかった町である」といったが、その結果、上からの秩序や体制に組み込まれることを好まず、自由に振舞う大坂人の性格がつくられていった。

これは現在の大阪人にも立派に受け継がれている。つねに反政府的で反官僚的な体質、法律に縛られることを嫌う大阪人だからこそ、違法駐車も日本で最も多いのだ。

実際、大阪の街に暮らしてみると、警官や駅員の態度がいたって庶民的なのに驚く。東京に比べると、明らかに腰が低い。

かつて、私がこの大阪の吹田市千里にある国立民族学博物館に勤め始めたばかりのことだったが、大阪市内にあるソ連（当時）領事館でパーティーが開かれた。私も招かれて出かけたのだが、地理に不案内なため、近くまで行っても所在地がよくわからない。たまたま商店があったので領事館の場所を聞いてみると、店の主人はキッパリという。

「自分はここにもう二〇年も住んでいるが、この近所にソ連の領事館などない」

ところが、それからウロウロ捜してみると領事館はちゃんとあった。場所を聞いた商店から一〇〇メートルほどしか離れていなかった。

翌日、このできごとを大阪生まれの知人に話してみると、こんな答えが返ってきた。

「大阪人は役所になんて誰も興味を持ちません。まして外国の役所なんて知るはずもない」

バス停などでも大阪人は並ばない。バラバラに立っている。それでもバスが来れば、順序よく乗り込んでいく。大阪人は束縛されるのが嫌いなようだ。

「京のブブ漬け」はいまも健在!

同じ関西でも、京都は大阪とはずいぶん違う。

「京のブブ漬け」あるいは「京のお茶漬け」という言葉がある。来客の帰り際、靴をはきかけている所へ、「ちょっとブブ漬け(お茶漬け)でも」と声をかける。生粋の京都人ならこの誘いには絶対に乗らない。うっかり「じゃあ、ご馳走になります」と座り直そうものなら、腹の底から軽蔑される。「図々しいお人やなあ」というわけで、礼儀をわきまえない人間だと思われてしまう。

このエピソードは昔から耳にすることが多いのだが、はたして本当だろうかと疑う人もいるだろう。単なるつくり話ではないか、実際にそういう例があったと聞いたことはない、という京都の人もいる。

しかし、現に私の知人の大学教授は実際にそんな経験をしているのだ。彼は京都出身の教え子の仲人を引き受け、実家に挨拶に伺った。そこで「京のブブ漬け」を勧められ、断わって角が立っても困ると思い、ご馳走になってしまった。しかしこのあとで、縁談は破談になってしまったという。「京都のしきたりもよく知らない仲人に、大事な娘をまかせるわけにはいかない」ということであった。

京都は日本を代表する観光地であり、若い女性を中心に絶大な人気がある。しかし、この街ほど、観光で訪ねた人と実際に暮らしてみた人とのイメージが違う街はないようだ。京言葉はたしかにやさしくて物腰も穏やかだが、心のなかでは、相手がしきたりをよく知らないことをあざ笑っている場合が多いといわれる。

新しいものを生む京都、育てる大阪

京都と大阪ではイメージがすでに違う。気位が高く、どちらかといえばとり澄ました感じのする京都に対して、大阪はあくまで庶民の街だ。京都が伝統の街だとすれば、大阪は新しいものをどん欲に消化する街でもある。

ところが県民性を考えた場合、これが街の印象通りにはいかないからおもしろい。たとえばビジネスの世界では、大阪には女性の入り込む余地がほとんどない。京都は逆に、表には立たなくても女性が大きな力を持っている。大阪は商人の伝統が強いせいか、非常に男性中心の世界でもある。その点では封建的なところがある。

学問の世界を考えても、京都と大阪には大きな違いがある。

京都出身の文化人類学者・梅棹《うめさお》忠夫によれば、「京都には遊びの精神がある」という。たしかに、何か新しい分野の研究が京都大学の人文科学研究所から生まれることは多い。今西錦司の「サル学」などは、私が思うに東京では絶対に育たない学問だったはずだ。東京ではきわめてオーソドックスな学問しか発達しないからだ。ノーベル賞が京都大学から多く生まれたというのも、そのあたりに理由があるにちがいない。

しかし、京都では学者同士の人間関係が難しい。新しいアイデアは出てくるが、それを発展させて新しい研究所をつくるなどと言うことになると、各自の所属する「学派」の結束が固いので、そこから抜けだすのがたいへんに難しいのだ。

その点、大阪は自由である。大阪の学者は学派を作らないので、組織や人間関係が邪魔をするということはない。新しい研究所や学部がどんどん開設される。先ほどの梅棹は、京都大学教授の職を辞めて彼が大阪につくった国立民族学博物館に館長として移ったのだが、「この博物館は京都では絶対にできなかっただろう」としみじみ述懐していたことがある。ひとことでいえば、新しいアイデアは京都に生まれ、大阪で育つということになるのだろうか。

「よそ者」にとって住みにくい街、住みやすい街

転勤であちこちの都市に住んだひとたちは、住みにくい街と住みやすい街がはっきり分かれることを実感するようだ。ただしこれは、あくまでも「よそ者」の実感である。まず、住みやすい街としては札幌、大阪、福岡の都市名が挙げられる。東京や横浜も評判は悪くない。

逆に住みにくい街として名前が挙がるのは、京都と名古屋である。京都と名古屋に共通するのは歴史の古さということになる。自分たちの街の歴史に強いプライドを持っている。それが、他県から移ってきた人たちには閉鎖的な印象を与える。

たとえば名古屋には、買い物は松坂屋、車はトヨタ、銀行は東海、新聞は中日、野球はドラゴンズといったような強い地元意識がある。地元意識が強いということは、それ

だけで「よそ者」にとっては住みにくい。

その点、札幌は歴史が新しく、横浜はもともと外部から入るものに対して開放的な街であり、大阪には住んでいれば大阪人という人なつっこさがある。福岡も古くから海の向こうを見つめてきた街だ。

ある街や県に住みやすいか住みにくいかのバロメーターは、利便性や物価や住宅事情などよりもむしろ、そこの住民がつきあいやすいかどうかで決まる。つきあいやすいというのは、開放的で庶民的なことでもあるが、逆に東京のように、お互いにまったく干渉しないという点を好む人もいるだろう。

逆に住みにくい街というのは、どこかよそよそしくて取り繕《つくろ》った街だ。無関心を装いながら、格子越しに隣家を観察する京都のような街は、よそ者にとっては住みやすいとはいえないことになってくる。

理屈っぽくて議論好きな長野県人

先にも述べたように教育県長野のイメージはもはや虚像に近いが、この県のもうひとつの特徴といわれてきた理屈っぽさ、議論好きという点はいまでも変わらない。

私は何年か前に、放送大学諏訪《すわ》学習センターのセンター長を務めたことがある。そのとき、地元の青年会議所が中心となって町づくりの学習会がもたれた。そのときつくづく感心したのが、彼らの議論好きで研究熱心な性格だった。ほかの地方では懇談会になりかねないのに、長野では理詰めの議論が続く討論会になる。

ある座談会では、長野出身の主婦がこんな発言をしている。

「六〇年安保のとき私は高校生でしたが、平素、成立したことのない生徒総会に八〇パーセント以上が常時出席して、毎日のように最終列車まで安保の問題を討論しました」

理屈っぽさについては、知人の大学教授K先生が話してくれたこんなエピソードもある。

日本史の教授だったK先生が、長野県内の小学校の先生が集まる研修会に招かれて講演をした。K先生の講演はふだんからわかりやすくて評判がいい。ところが、いつもの調子で話していても、長野の研修会では反応がない。そのうち休憩時間になったら、幹事役の校長先生が遠慮がちにやってきて、「先生、長野県ではあまりわかりやすい話だとみんなが喜ばないので、もう少しわかりにくい話をお願いします」と耳打ちしたというのだ。

そこでK先生は、自分でも何を話しているのかわからないような話をしてみたところ、拍手大喝采だったというのである。

昔から大学教授のあいだでは、長野での講演会は難しい話をすると喜ばれるという定説があり、どこまで本当かなと思っていたが、右に挙げた体験談を聞いて私も納得した次第である。

「東京砂漠」も県民性がもたらしたもの

昭和三十年代から四十年代にかけて、東京の人口は爆発的に増えていった。

それと同時にいろいろいわれたのが、都会人、すなわち東京人の無愛想さである。地方から上京した人間にとって、東京の人間は冷淡でつっけんどんな感じを与えた。江戸時代を考えてみると、江戸っ子のイメージというのは下町的な情の厚さにあったはずなのに、急速にそのイメージが壊されていったことになる。

とくに、東北地方から上京した人間にとって、東京は冷たい印象を与えた。まず言葉が冷たい。つっけんどん。態度も冷たい。道を聞いても親切に教えてくれないとか、警戒の表情をされる、警察官が威張っているなどといった声も聞かれた。

これは、ひとつには北関東からの転入者が増えたせいでもあった。茨城、栃木、群馬といった県からの人口流入がとくに激しかった。

北関東は、方言学では「関東無敬語地帯」と呼ばれている。どういう事情によるものか、とにかく敬語が未発達な地域とされている。そして、茨城県から警察官になる人が非常に多かった。それが無愛想な印象を与えた原因のひとつでもある。敬語の発達していない地域で育った人々にとっては、ていねいに話せといってもそれは無理な話だったのだ。

また、これは北関東にかぎらないのだが、小さい町やムラになればなるほど、女性は「見知らぬ者に笑顔を見せるな、親切にするな」と教えられて育ってきた。そうした「ムラの倫理」が、「東京砂漠」をつくり上げた原因のひとつでもあると私は考えている。

県民意識の強い県、弱い県

誰でも自分の住む地域には愛着を持っているし、また、持ちたいと思うはずだ。しかし、地域によってその度合いは少しずつ違う。たとえば、「あなたは〇〇県人だという気持ちがありますか」という質問に対して、胸を張ってうなずく人が多い県と、小首を傾げて考える人が多い県に分かれてくる。

後者の場合、二つの理由が考えられる。ひとつは、首都圏のように新しい住人が多くて、まだ県民意識が育っていないときだ。

もうひとつは、県よりもっと狭い地域、市や町、村にアイデンティティを感じている場合だ。

どちらにしても、県民意識が薄い県ほど、特徴ある性格を絞りにくくなる。関東の各県、福岡や兵庫、あるいは奈良や三重といった大都市周辺の県がその例となる。

それとは逆に、○○県人であることに誇りを持つ住民が多いほど、その県の県民性も個性あるものとなる。北海道や沖縄、九州南部や信越地方がそうだ。

しかし、県民性のはっきりしている県でも、住民や出身者のひとりひとりに個性があることを忘れてはならない。これから、それぞれの県民性を詳細に検討していくが、それはあくまで、平均的な県民像の考察だということを覚えておいていただきたい。

北海道・東北地方

の人柄診断

北海道人

北海道出身の有名人：横路孝弘、千代の富士（現・九重親方）、橋本聖子、山口昌男、井上靖、渡辺淳一、三浦綾子、西村晃、高峰秀子、北島三郎、細川たかし、中島みゆき、松山千春、毛利衛

おおらかで、素直で、新しがり屋

北海道については数多くの人がいろいろな発言をしているが、おおらかさと新しさという点では全員が一致するようだ。

また、ものごとに対する受け取り方が素直で、批判があればあったで、それをきちんと受け止める性格でもある。つまり、オープンなのだ。

新しさについては、開拓してからまだ日が浅いという歴史的な背景が大きく関係している。そういう意味では、北海道は非常に都会的な風土を持っている。

「北海道は男女交際もほかに比べて非常にオープンである。そして、さまざまな階層や年齢の人々が集まる話し合いの場でも、違和感や場違いな雰囲気を生じることなく参加している。また、物怖じせず、自分の意見をはっきりと発言する。いずれも、背後に古い因習的なものがないからだろう」

これは、北海道出身の学生が北海道人の性格について書いたレポートの一部だが、たしかに北海道には日本人としては意外なくらい、男女の平等観が備わっているように思う。

そのへんの特徴は、北海道の人が地元を離れたときに、はっきり自覚されるようだ。

「東京へ来てほかの地域の話を聞くと驚くことが多い。男女共学でなかったり、九州人のような男尊女卑の考えを聞くと、あらためて北海道の特色がよくわかる。つまり、北海道は開拓してからまだ日が浅い。開拓には数々の困難がつきまとったことも想像にかたくない。そんななかで、女性も重労働につくことを余儀なくされ、だから男女平等観が出てきたのだろう」

これも北海道出身の学生の言葉である。男女平等が北海道に自然に備わった事情はそういうことであろう。西部開拓時代のアメリカで、女性が大切にされたケースと非常によく似ている。

形式にこだわらない自由な人柄

北海道には革新的な政治思想を持つ人が多い。これも、新しいものを抵抗なく受け入れる性格によるものだし、古い因習や形式にまったくこだわらないこととも関係している。

先ほどの学生の言葉を続けてみよう。

「私の親類や知人で、関西や関東など、いわゆる内地の人と結婚した人が何人かいるが、婚約は結婚式の何か月前にするとか、生まれた子供の初節句にどちら側の実家が何を贈るとか、いろいろなしきたりがあって、なんて面倒なんだろうと思った。北海道でも一応の形式はあるが、こだわることは少ない」

全国の結納の地域差を放送大学の卒業論文のテーマにとりあげた一色《いっしき》和江によれば全国で最も形式ばるのが福井県で、いちばん形式を重んじないのが北海道である。なお昭和三十年代には全国各地で見られた、青年が中心になって行う会費制の結婚披露宴は、ますます派手になって行く披露宴にとって代られて、殆どの場所では姿を完全に消してしまったが、今でも残っているのは北海道だけであり、札幌を含む各地ですっかり定着しており、こんなところにも特色があらわれているということが出来る。なお会費の額は年々あがって、披露宴の内容も次第に派手になりつつあるが、親が主催者になるのを好まず、青年が中心になって行うという点には変化がないようだ。

北海道の場合、畑作や牧畜を中心とした大規模な農業をやっているので、家と家との間が内地よりも相当に離れている。家族以外に共同体というものがそれほど必要とされない。したがって、本州に見られるような伝統的な村落共同体が形成されなかった。

このことは、北海道の文化とも深く関連している。共同体規制がなく、個人主義的な傾向がつくられたので、新しく入ってくるものも比較的、容易に受け入れられた。外国人によってもたらされたキリスト教もそのひとつだし、そんなところから自由な発想が芽生えたようである。

女性から愛を告げる北海道恋愛

北海道人の性格を語る場合、もうひとつ、必ず話題となるのが女性の積極性だ。

ある男性が、女の子を好きになったので告白したらフラレてしまった、という経験談を北海道出身の女性に話した。すると、この北海道出身の女性は非常に驚いたという。

「北海道では、男女が好きになっても、愛情を告白するのは女性のほうからであって、男性のほうではそれを待っているのがふつうの慣習だ」

こういわれたというのだ。

私も北海道出身の女子学生を教えたことがあるが、他県の女子学生に比べて非常にハキハキしていたのを覚えている。また、初対面でも、最初から物怖じせずに活発に発言するところがあるように思う。

さてここで離婚率のことについて触れておくと、戦前戦中の離婚は日本のどこでももっぱら夫の側からなされたもので、嫁の地位の低い東北地方の農村で最高だった。しかし戦後になると妻の側からの離婚が多くなり、東北諸県は一様に低くなって、昭和二十五年から四十二年まで一位を占めたのは高知だった。ところがそこへ北海道が次第に追い上げて四十三年からは連続一位、そこへ沖縄が次第に追いついて、昭和六十年からは一位が沖縄、二位が北海道という態勢が出来て、大体のところ、今日までそのまま続いていたが、平成十年には大阪が上昇して沖縄、大阪、北海道の順であった。

沖縄や高知の離婚率の高い原因についてはそれぞれのところで述べるつもりだが、北海道の場合は「しがらみ」に拘束されない自由に加えて、女性の旺盛な自立心。加えてトラブルの調停をしてくれる親戚が少ないことも原因として挙げられよう。

札幌は北海道の〝東京〟

ビールやタバコなどの新製品は、まず札幌でテスト販売されることが多い。静岡と広島もテスト販売の街として知られるが、これは、ごく標準的な街だからだ。東京や大阪といった大都市の反応を見る場合には、札幌がまず選ばれる。

戦後の四八年間で、札幌の人口は二二万人から一六三万人に増えた。七倍強の増加率だ。地域の特色はどんどん薄まって、完全にミニ東京化している。テストマーケットとしての条件がこれ以上揃った都市はほかにないということらしい。

したがって、札幌には地方都市の個性があまりない。ほとんどが東京と同じだから、札幌人が東京に出てきても戸惑うということがない。

それでも札幌人には北海道的な性格が残るようで、人間がゆったりしている。開放的で、せせこましくない。新しもの好きで、かつ独立心が強い。そういった性格を挙げることはできるようだ。

ただし、札幌人はプライドもかなり強い。北海道の〝首都〟として、つねに東京を意識し、誇りも持っている。

ちなみにいうと、広大な北海道だが性格的な地域差はあまりない。しいて挙げるならば、札幌と札幌以外ということになる。北海道人の個性は、むしろ札幌以外に健在だといえるのかもしれない。なお最近では特に旭川は北海道ナンバー・ツーの都市として、札幌に対する対抗心が強くなっていると言われている。たしかに旭川ラーメンの人気など札幌ラーメンの人気を追い抜きつつあるという説もあるようだ。

青森県人

青森県出身の有名人：三浦雄一郎、長部日出雄、三浦哲郎、馬場のぼる、淡谷のり子、吉幾三、三上寛、小比類巻かほる、太宰治、寺山修司、棟方志功

二分される津軽人と南部人

ＮＨＫ放送文化研究所が一九七八年と一九九六年に、全国四七都道府県から一六歳以上の男女それぞれ九〇〇人（全国で四万二三〇〇人）を選び、一〇〇項目の質問を用いて行なった「全国県民意識調査」のなかで、「はじめての人に会うのは、気が重いほうですか」という問に対して、「はい」の答えは七八、九六の両年とも、青森が全国第一位であった（ＮＨＫ放送文化研究所編『現代の県民気質』ＮＨＫ出版、一九九七）。青森の県民性

のひとつの特色がよく示されていると言ってよいだろう。しかし青森県の県民性を語る場合、忘れてならないのは津軽人気質と南部人気質の違いである。ひとつの県のなかで、これほどはっきりと性格が二分される例はほかにあまり見られない。

たとえば青森県には「じょっぱり」という言葉がある。県民の性格をあらわす場合にかならず出てくる言葉で、「辛抱強さ」とか「負けず嫌い」といった意味になる。この「じょっぱり」こそが、青森県人の性格的な特徴といっていいだろう。ところが、それほど一般的な言葉でありながら、津軽と南部ではニュアンスがかなり違う。

「南部のじょっぱりは、形勢が自分にとって不利でも、あくまで自分が正しいと思ったときに発揮される。津軽のじょっぱりは、自分が間違っていると思ったときでも、立場を有利にするための自己主張を続けるときに発揮される」

青森県人自身がそのように説明している。その言葉通りに解釈すると、南部の「じょっぱり」のほうが正義感が強く、津軽はただのへそ曲がりという感じだが、そんなに単純には区別できまい。それでも、津軽の「じょっぱり」がひと筋縄ではいかないということはわかる気がする。

「じょっぱり」を含めて、青森県人はひとことでいえば忍耐強くて勤勉な性格である。その点は、ほかの東北各県とも共通する。ただし、津軽人と南部人ではまるで正反対の性格特徴を示す場合もあるから、青森県人の性格をひとまとめにしていい表すのは不可能だろう。

おしゃべりな津軽、無口な南部

青森県人が会議をすると、もっぱら発言するのは津軽人になると言われる。しかも、自説を頑固に主張して譲ることがないから議長を困らせる。一方の南部人はといえば、ほとんど発言しない。何もいわないのだから、やっぱり議長を困らせることになる。津軽人は一般にでしゃばりでおしゃべりだし、南部人は引っ込み思案で無口だといわれる。ひとつの県に二つの風土と気質が同居しており、それぞれが補完関係にあるというのは青森県だけだろう。

なぜこれほど異なる地域に分かれたのか。その原因は藩政時代までさかのぼる。南部藩の家臣であった津軽為信が謀反《むほん》を起こして津軽の土地を奪い、こうして一六世紀に津軽藩が誕生したのであり、それ以来、南部の者は津軽を不倶戴天《ふぐたいてん》の敵と憎むようになった。その「敵国同士」が、明治維新の廃藩置県でひとつの県にされたのだから、言葉や生活どころか性格まで異なっているのも無理はない。

たとえば青森県には「わがね」という言葉がある。これは津軽では「知らない」という意味だ。ところが南部では「だめ！」と叱る意味になる。「わがね」という言葉ひとつが原因で、津軽人と南部人がいい争うこともあるようだ。

津軽人とお酒を飲むとクダを巻かれる？

小説家の佐藤紅緑（佐藤愛子の父）は津軽出身だったが、津軽人の性格に関してはかなり厳しい。「怠け者でおしゃべりで長っちり、おっちょこちょいでお祭り好き」とまでいったが、怠け者という点はともかく、それ以下の描写はなるほどと思わせるところもある。

津軽にも南部にも「ゴンボホル」という言葉がある。酒に酔ってクダを巻いたり、ダダをこねることをいうが、たしかにそういう傾向が青森県人にはあるようだ。

津軽人といえども、ふだんは東北人特有の無口で照れ屋なところがある。思ったことをなかなか口にしない。ところが酒が入ると一変する。日ごろの抑圧が解かれて、閉じ込められた不満がいっぺんに噴き出す。これが「ゴンボホル」だ。ちょっと手のつけられない頑固さを秘めているのかもしれない。

なお最近になって全国的にひろく知られるようになったものに津軽三味線がある。普通の三味線と比べて太い棹《さお》と犬の皮をはった胴が特徴で、音も太く、ダイナミックなので、たちまち人気を得るようになったのだと思うが、これも津軽の風土が生みだしたものだと言えるような気がする。

自分を抑えても年長者を重んじる

弱肉強食のビジネス社会では、努力型だが無器用な青森県人が実力だけで出世を勝ち取るのは難しい。ただ、この県の人たちは年長者や上司に対して自分を抑えても従う傾向が強い。したがって、部下としては扱いやすいし頼りにもなる。逆に上司が青森県人の場合は、トップに対してイエスマンになりかねないからあまり頼りにできない場合もありそうだ。

青森県人には自意識過剰なところがある。他人の目を気にするし、なかなか本音が出てこない。その代わり、あとになってあれこれいい出したりする。このあたりが青森県人の難しさで、表面的には納得しているように見えて、じつは不満や反感だらけだったりする。いわゆる面従腹背《めんじゅうふくはい》というやつである。

岩手県人

岩手県出身の有名人：鈴木善幸、小沢一郎、日蔭温子、常盤新平、千昌夫、新沼謙治、宮沢賢治、石川啄木、高野長英、金田一京助、原敬、新渡戸稲造、高橋克彦

粘り強くたくましい人柄

北海道は一応別にしてみると、岩手県は我が国最大の県なのであり、その面積はほとんど四国四県の広さに近い。しかし平地が非常に少ないため、全体の人口は少なく、人口密度も北海道以外では最低なのである。そんなこともあって、昭和三十年代にはある週刊誌が岩手をとりあげて、いろいろと失礼なキャッチフレーズをつけて呼んだりした。しかしその後、大きく開発が進み、殊に東北新幹線が開通してからは、かつての面影は

大きく変ってしまっている。

しかし先にもあげたNHK放送文化研究所の全国県民意識調査において、「お宅の暮しむきはゆとりのあるほうだと思いますか」という問に対する「はい」と肯定する答えは一九七八年には全国最低の四七位、九六年には四〇位であった。これでみる限り岩手の県民は自分の現在の生活に不満を持っているらしいことがわかるのだ。

岩手の農村評論家として知られた大牟《おおむ》羅良《らりょう》が昭和三十三年に出してベストセラーとなった『ものいわぬ農民』（岩波新書）は昭和二十年代の末から三十年代はじめという太平洋戦争直後の、経済的に最も困窮していた頃の岩手の農民の生活と心情を描いたものなのだが、岩手の農民は心のなかに不平不満をたくさん持ちながら、なかなか口に出しては言わないという特徴が述べられており、表題の「ものいわぬ農民」もそうした意味をこめてつけられたのであった。このような「ものいわぬ」傾向は東北全体に多かれ少なかれ共通する性格だと言えるように思うが、岩手県人の場合はそうした特徴が殊に強いように感じられる。なおNHKの全国県民意識調査において「はじめての人に会うのは、気が重いほうですか」という問に対して、九六年における「はい」という答えは青森に次いで第二位であった。

だが岩手の意外な側面を挙げると、この寡黙な県民性にもかかわらず、四人の総理大臣が輩出していることだろう。山口県の七人は明治維新での長州藩の働きによるものだし、次が東京の六人になる。岩手が三番目というのはいかにも突飛な感じがする。寡黙さが粘りと抵抗につながって、花開いたということになるのだろうか。

岩手県人においてはスター性はあまり強くない。しかし、宮沢賢治や石川啄木といった、岩手の風土をそのまま思わせるような文学者が生まれている。鈍重だが、粘り強いたくましさを秘めているといえる。

なお青森県ほどではないが、ここにも藩政時代の名残が強く残っている。つまり江戸時代には北が南部藩、南が伊達藩のもとで統治されていたので、これが現在でも尾を引き、県北と県南との間には少しく対抗意識が存在しているようだ。しかし青森県の場合は、はじめに南部家の家臣であった津軽為信が謀反を起こして津軽藩を作りあげたということがからんでいるのに対して、岩手の場合にはそうした主従関係はないので、その意味ではもっとアッサリしているとも言えるし、もともと無縁の両者がひとつの身内にはめこまれたのだから、その結果として融和心が少ないだけだということもできる。但し両者を比べると、県南のほうが伊達藩という大藩に属していたというプライド意識から、ずっと団結が強いと言われている。

なお県北のほうは雪に閉ざされ、家にこもってひたすら読書にふけるから、非常に思索的になるのだともいわれている。先にも触れた宮沢賢治や石川啄木、そしてまた新渡戸稲造やアイヌ研究家の金田一京助等々も皆、県北の出身である。これに対して県南はもっと行動的で、あけっぱなしで発展的だと言われている。

口下手だけどセールス上手

一般に、東北出身者はセールスのような外交的な仕事には向かないと思われている。口下手で、社交性に欠けるからだ。

しかし、最近の統計では、それがかえって相手に信頼感を与え、売り上げでも上位に立つ東北人が増えているという。

岩手県人にもそういった傾向がある。上司から見るとやる気があるのかないのかわからないが、そこで短気に結論を出さずにじっくり育てれば、着実に成長するタイプなのだ。

ただ、感情表現が地味なので、何を考えているのかわかりにくいところがある。そんな場合でも、あまり詮索せずに、自主性にまかせたままにしたほうがいいのだろう。岩手県人は積極性に欠けるが、他人の干渉を嫌う性格があるようなのだ。

宮城県人

宮城県出身の有名人：三塚博、大槻文平、梅原猛、残間里江子、石ノ森章太郎、菅原文太、篠ひろ子、中村雅俊、さとう宗幸、みなみらんぼう、大友克洋、佐々木主浩、伊達政宗、志賀直哉

ユッタリズム

宮城県の県民性としてよく言われるのは地味、消極性、慎重等々という表現である。この点では他の東北諸県と大体共通するのだが、違うところは、この県の場合、比較的ノンビリしていて、なにごとにも焦らず、ユッタリしている点だという。水戸っぽに似て気ぐらいが高く、独立心が強く、自分のことは自分で決める。他人がどう言おうと自

分の知ったことではないという頑固さがある。だから他の東北諸県に比べて結束力が弱いのだとも言われている。

こうした特徴は宮城が他の東北諸県とは違い、押しも押されもせぬ伊達藩六二万石によって悠々と統治されていたという事実に帰することが出来ると言われている。伊達氏は鎌倉時代以来の名門で、六二万石のいわば巨大大名であり、宮城の人々の自負心は伝統ある大藩の誇りに支えられてきたというのである。

しかしこの藩では有力な家臣はそれぞれに小さな大名であったから、各々「俺が俺が」という自意識が強く、従って大事なときの団結はあまり強くなかった。藩の統制がここほど徹底しない藩も珍しかったと言われる。現在はこの藩がなくなってから一〇〇年以上たっており、この県の人口構成にもよそ者の割合がずっと大きくなっているが、こうした伝統は今でも残っていると指摘する声もある。

伊達もの

なおこの伊達藩の特徴として、華美であったこともあげられるようだ。国語辞典の『広辞林』で「伊達」という項を引くと「いきのいいことを見せびらかすこと」とあり、「男達（おとこだて）の略とも、また伊達家の藩士が華美な装いをしたことから出た語ともいう」と記してある。

たしかに調べてみると、伊達家の藩主のなかでも、最も知られる一七世・政宗が豊臣秀吉の朝鮮侵攻に従軍しようとして京都から出発するとき、政宗はじめ家臣一同、のぼりから刀にいたるまで派手な色で飾ってあり、京都の人々は誰もがあっと驚嘆したと伝えられている。

但しこれなどは多分に秀吉への対抗心、そして遠い僻地からやって来た自分らを京の人々に印象づけてやろうという政宗の作戦であったことが推定されるのだが、宮城の歴史の研究家である高橋富雄は、伊達の文化には「しゃれている」とか「いきである」と言う意味のフランス語である「ダンディスム」の存在しているのが特徴だと強調している。高橋によれば、ここには特に華やかなものを心のなかに内面化する伝統があり、政宗が建て、彼の位牌の置かれている瑞巌寺などはその最も顕著な例だというのである。

優越感とプライド

政宗は荒野を積極的に開発して全国でも有数な米産出藩を作り上げたのだった。現在の銘柄米ササニシキの誕生はこうした歴史を背景に持っているわけなのだが、この農業開発政策の成果として生活は大きく向上し、そのひとつの結果として、仙台藩では、ただ一度あった、寛政年間の一揆を除いては、殆ど一揆らしい一揆も起きていないのだ。この藩では武士が比較的自由を与えられていたし、それと同じく農民にも程度の差こそあれ自由があったと言われている。つまりここにはユッタリした気分が流れていたことが大きな特徴として指摘される。

こうしたことに加えて宮城の中心である仙台は明治維新前後になってますますその重要性を増してきた。現在の国立大学の教養学部にあたる旧制高等学校も、東京にまず第一高等学校が出来ると、それに続いてこの仙台に第二高等学校が作られた。そしてまた軍隊のほうも、東京に陸軍の第一師団がつくられたのに続いて第二師団がこの地に作られたのであった。

このように東北全体の中心都市としての仙台の役割はますます大きくなり、その結果として、宮城県自体が東北のなかでは一段格が上の県だと考えられるようにさえなってきた。他の東北諸県に対するこうした優越感とプライドが、ここの県民性を作っている、大きな因子のひとつだと言ってよいだろう。

なおNHK放送文化研究所の全国県民意識調査において、「仕事や生活の上で、新しいことを積極的にとり入れたいほうですか」という問に対する「はい」の答えは七八年には全国第三位、九六年には第六位であった。こうした考え方は東北の他の県ではあまり多くないのであって、冒険心に富んだ進取の気性が強いという点もここの特色としてあげてよいように思われる。

秋田県人

秋田県出身の有名人：明石康、山田久志、落合博満、長崎宏子、奥寺康彦、西木正明、矢口高雄、桜田淳子、柳葉敏郎、平田篤胤、小林多喜二、安藤昌益、石川達三

おっとりして純朴

交通事故の鑑定の専門家によると、自動車による交通事故にははっきりした地方色があり、最近の統計によれば、歩行者の酔っ払いに関する事故が全国で最も多いのは秋田と山形だというのである。つまり秋田と山形では酒を飲んで、真っ暗な道路の上に寝こんだまま、轢《ひ》かれてしまったという事故が多いのだ。最近の一世帯あたりの清酒消費量をみると、新潟が全国で最高なのだが、それに次ぐのが秋田、そして第三位が山形なの

である。たしかに秋田は米がおいしく、水にも恵まれた土地なので、酒の国でもあり、男たちはよく酒を飲む。但し秋田の男は酒を飲むだけで、飲んで賭けごとをするとか、女遊びに繰り出すとかいうことは全くない。おっとりして純朴なのである。

作者不詳だが一六世紀の戦国時代に書かれた『人国記』という書物は、当時の日本各地の風俗やら気質について詳細に記したもので、武田信玄が愛読していたと伝えられているが、この本のなかにおいても、「出羽の国（今の秋田）の者は奥羽諸国のなかでも特に律儀で、目上の者に従順に従う」という意味のことが記されている。

この『人国記』よりもずっと後の天明七年（一七八七）に秋田を訪れた古川古松軒は、その有名な旅行記『東遊雑記』のなかで、「秋田人は純朴だが、米に恵まれ過ぎているため、遊び暮していて、生活を向上させる工夫がない」と書いている。古松軒のこのことばはやや言い過ぎだとしても、現在もなお残る消費性の強い気風を見事に言い当てているように思われる。先にあげた酒の消費量の高さもそのひとつだが、こうした気風の生まれた背後の因子として秋田藩における文化尊重の伝統を大いに考えるべきであろう。秋田藩の初代藩主・佐竹義宣は連歌、香道等に趣味を持ち、特に能楽に熱心であった。更に安永年間、藩政の動揺期の藩主・義敦《よしあつ》（曙山）の時にはオランダの画風を受け継いだ「秋田蘭画」が生まれたのであり、特に注目すべきことだと思われる。

秋田美人の起源

このおっとりしたところが、よくも悪くも秋田県人の性格の特徴だということになりそうだ。やや優柔不断で決断力に欠け、なかなか重い腰をあげないのだが、いったん腰をあげれば粘り強いのだ。こうした特徴は地元どうしの近所づきあいや親戚づきあいにも現れていて、初対面の人とはなかなか打ちとけない。そのために一見すると気難しい印象を受けるが、一度つきあいが始まれば情はこまやかなのである。

秋田で忘れてならないのは「新潟美人」と並び称される「秋田美人」の存在だ。なぜ秋田に美人が生まれたのかについては諸説があるようだが、現在、最も有力と思われるのは古代における混血に原因を求める木内宏らの説である。朝鮮半島北部から沿海州にかけての日本海の対岸に建国した渤海《ぼっかい》からここ出羽国への使節は数十回に及び、七四六年（天平十八）には一〇〇〇余人もの渤海人が鉄利《てつり》人とともに渡来したと『続日本紀』に記されている。鉄利とは沿海州附近にいたトルコ系と思われる騎馬民族のこと。こうしてトルコ系その他の民族がここへ来て、さまざまな混血の行われたことが秋田美人を生みだしたのではないかと指摘されている。

高かった離婚率

もうひとつ是非とも触れておかねばならないのは、戦前の秋田の離婚率が全国で最高だったという事実である。北海道のところで触れたように、平成十年現在の離婚率が最高なのは沖縄と大阪、北海道なのだが、戦前戦中における離婚率は東北地方が最も高かった。戦前戦中の離婚はもっぱら夫の側からなされたもので、嫁の地位の低い東北地方の農村で離婚率が最高だったのだ。だが同じ東北でも、なぜ特に秋田が高かったかについてはどうもはっきりした答えが得られていない。しかしここでは先にも書いたように親戚づきあいが特に濃く、外から入って来た嫁にはなかなか打ちとけないというようなことがあったのではないかと私は考えている。

なおＮＨＫ放送文化研究所の全国県民意識調査のなかで、「流行おくれのものを着たとしても気にならないほうですか」という問に対して「はい」という答えが一九七八年に最も多かったのが福島、二位が山形、三位が秋田、四位が岩手という順であったが、一九九六年には一位はまた福島で、二位が岩手、三位が山形、四位は島根で秋田は一七位に下がっているのである。つまり七八年と九六年とを比較してみると、他の東北諸県は順番が殆ど変化していないのに、秋田だけは大きく変動している。つまりここだけは流行への関心が大きくたかまっているのであって、最近の秋田の変化を考えるにあたっては見逃せない点だと思う。

山形県人

山形県出身の有名人：丸谷才一、井上ひさし、渡部昇一、藤沢周平、無着成恭、渡辺えり子、清河八郎、阿部次郎、斎藤茂吉

母なる川、最上川

山形の風土は「母なる川」（歌人の斎藤茂吉がこう命名した）である最上川によってはぐくまれて来たのだとよく言われる。この川は日本三大急流のひとつでもあるのだが、全県の実に八六パーセントの流域をうるおしている。この最上川での船による運送が江戸時代に発達し、ここ特産の庄内米を江戸に運ぶことになったのであった。

他の多くの川はいくつかの県をまたいで流れるのに対して、最上川はただ山形県だけ

を流れて海に通じている。言い換えればその流域全体がひとつの県におさまっているわけで、県民が「母なる川」と呼んでいるのも、こうしたところから特別の愛着を抱いている県民の心をよく反映しているのだと言える。

この県のなかは酒田や鶴岡を中心とした、雪の少ない日本海側の庄内地方と、我が国有数の多雪地帯である内陸地方とに分れているが、庄内人は比較的明るく、のびやかであるのに対して、内陸人は盆地型の内向性と忍耐強さとが際立っていると言われる。

そこでまず庄内地方について考えてみると、「農民が貧しいという批評はここ庄内にはあてはまらない」などという言葉も以前からあったくらいで、庄内人が明るく、のびやかなのもこうした実情を背景としている。ここの中心となっている酒田は最上川の河口に位置し、江戸時代には最上川の船運と結びついて日本海有数の港町として栄え、一〇〇〇戸を越す人家があって回船問屋でにぎわっていた。

なお佐藤三郎の『酒田の本間家』(中央書院、一九七二)によれば、その頃ここへ移って来たのが本間主計光重で、関西との交易を行って多額の富を獲得し、その結果次第に大地主となり、数代の後には大きな帆を持つ、「本間船」と呼ばれた船を数隻持って蝦夷地(北海道)との交易も行なっていた。この本間家は井原西鶴の小説にも登場しているが、現在では酒田で最も知られる重要な存在となっている。

なお庄内のなかでもこの酒田の人々は小賢しく、ずるがしこいなどとも言われるが、それは近隣の農民が酒田の米商人に対して抱いた反感から来たイメージだろうと解釈されている。だがたしかにこの酒田は江戸時代から続いた大阪方面との交易の影響で土地の方言にも大阪弁の影響があり、早口で、すぐ近くの鶴岡では非常にゆっくり話すのと対照的だと言われるし、住民の性格も酒田の動に対して鶴岡は静だと言われている。こうした庄内地方に対して、内陸部は内向性と忍耐強さとが際立っていることは先にも述べた通りである。

泥棒も落ち着いて暮らせる

二つの地域におけるこうした性格の相違はあるのだが、山形県全体としての特徴となると、人情が深く、人あたりのよい穏やかな性格だと言ってよいだろう。山形出身のある学生は「山形の人情深さは日本一だ」と記していたが、たしかにここでは人間関係を大切にする気持ちが強く、争いごとは嫌いで、万事丸くおさめるのがうまい。他人に対しても、疑いの気持ちなど持とうとしない。だから「泥棒も山形では落ち着いて暮らせる」という冗談さえあるくらいだ。但し、人情深さが裏目に出ると、多少おせっかいな印象を与える場合も少なくない。他の東北諸県と同じく、自己主張はあまりしないのだが、誠実なところが逆に押しつけがましく感じられる場合もあると言われている。

しかし山形県人にはもうひとつの側面がある。前に秋田県のところで記したことなのだが、秋田と山形では歩行者の酔っ払いに関する交通事故が全国で最も多いのであって、それというのも秋田と山形では酒を飲んで、真っ暗な道路に寝込んでしまうひとが多いからなのだそうだ。たしかに最近の清酒の消費量を見ると、新潟、秋田に次いで山形は全国で第三位なのだ。つまり先にあげた誠実とかおせっかいなどの性格が強すぎないよう、適度のバランスを保つ安全弁の役を果たすのがお酒だということになるのかも知れない。

なおNHK放送文化研究所の全国県民意識調査において、「家庭生活では、一人一人が好きなことをして過ごすよりも、家族の団らんを大切にしたいと思いますか」の問に対して、「はい」の答えは一九七八年においては山形が第一位であったが、一九九六年では第三一位に下がっている。また「他人にウソをつくことは、どうしても許せない悪いことだと思いますか」の問に対する肯定の答えは、七八年では山形が第一位だったが、一九九六年には第一〇位となっている。考えかたにおける最近のこの大きな変化は秋田の場合とよく似ているが、何が原因なのかよく考えてみる必要がありそうだ。

福島県人

福島県出身の有名人：伊東正義、渡部恒三、中畑清、小林浩美、田部井淳子、佐藤陽子、西田敏行、佐藤慶、野口英世、円谷英二

保守を自認する人柄

福島県を紹介するときには、必ず「福島の中に三つの地域がある」とか、「福島県の天気図は他県のそれとはいささか異なっている」といった前置きがなされる。

まず、太平洋に面した浜通り。福島市、郡山市、白河市を結ぶ中通り。そして、会津若松を中心とした西部山岳地帯の会津地方である。

この三つの地域は地勢も天候もかなり違っている。したがって、その気質もそれぞれ

に特徴があって、福島の県民性をひとことでいうのは非常に難しい。国学院大学名誉教授の樋口清之は、明治維新と関連づけてこんな説明をしている。

「福島県ほど維新という大波の被害を被ったところはない。しかし、浜通り、海岸地方は比較的被害が少なく、漁業と明治以後開かれた常磐炭田のためによそから入ってきた人が多い。だから、比較的開放的である。

中通りは東北遠征軍の通路にあたったため、もっとも被害を被ったところで、薩長は不倶戴天の敵と思い込む老人がいるくらいである。被征服者特有の劣等感と、閉鎖的気質がある。

会津地方は中通りよりももっと孤独で、頑固で、閉鎖的だ」

ふつうは、陽気で開放的な浜通り気質、頑固で陰気な会津気質、その中間の中通り気質というように分けられるが、いずれにも共通するのは保守的な体質といえそうだ。

強情一直線の会津人

プロローグでも触れたが、会津人は福島の県民性の保守的な部分をいちばん強く残している。旧長州藩で、現山口県の県庁所在地である山口市から姉妹都市になろうという提案が昭和四十年代にあった時にも、会津若松市の青年会議所は直ちにこれを拒絶し、町中の老人たちはこれに大喝采したという。更に最近、同じ山口県で長州藩の旧城下町で吉田松陰の松下村塾のあった萩市からも同様の申入れがあったのだが、これも拒んでいるようだ。『会津士魂』という小説で吉川英治賞をとった作家の早乙女貢は自身も会津藩士の子孫だが、ある雑誌で次のように記している。

「先般、長州の萩市から百年来の怨みを水に流して、手を握って貰えぬか、と市長などがやって来たが、会津の有志らは激昂して追い帰した。当然である。罪なくして朝敵の汚名を被せられ、悲惨な生活に叩きこまれた積怨は、百年くらいで消えるものではない」

私自身もある銀行の人と話していたとき、たまたま会津若松のことが話題になった。すると彼は、戸惑ったような顔つきで、自分が山口県出身であることを告げた。

「じつは、たまたまあとでわかったんですけど、いつも接しているお得意さんが会津若松出身の人だったんです。あるとき、偶然、お互いの出身地がわかって、ちょっと困ったなと思いました。そしたら、そのお得意さんは『もし、最初からわかっていたら、あなたとはつきあわないところだった。知らずにいたのが幸いでしたね』。あのときは本当に冷汗をかきました」

現在でも旧藩への帰属意識が極めて強く残っているのは、以前にとりあげた青森県で、同じ県内でも、旧津軽藩だった地域と旧南部藩だった地域との対抗意識が強いのだが、会津人の旧藩意識は青森よりもっと強いように思われる。会津人と山口県人との間に結婚の話がもちあがっても会津側の周囲の猛反対でつぶされてしまうということは現在でも多いようで、こうした状況は今から一〇〇年たってもあまり変らないのかもしれないという気がする。

理屈をこねない不言実行型

福島県人はコツコツと粘り強く働く。理屈をこねない不言実行型が多く、同じ会社、同じ仕事に二〇年、三〇年と従事するタイプだ。

会津に代表されるような、強情な面もある。損得で動くのを嫌い、一度決めたことにはとことん従う性格だから、生き方としてはかなり無器用なものになる。

ビジネス社会にあって、福島県人は決してエリートとはいえない。時流に乗ることが下手で、臨機応変な動きはできないから、不遇なポジションに置かれてもジッと耐えるだけなのだ。

しかし、部下としては絶大な信頼が置けるだろう。どんな仕事でも黙々とこなすし、こちらの信頼がわかればそれを意気に感じるタイプだから、安心してまかせることができる。

社交性はあまりない。無口で恥ずかしがり屋が多いし、チャラチャラした振る舞いを嫌うからだ。

遊び下手でおもしろ味にも欠けるが、女性にはやさしい。亭主関白を気取る傾向があるが、根はやさしいのだ。浮気の心配もないから堅実な家庭をつくっていく。出世より家庭の安定を望む女性にはぴったりの相性だということになる。

なお前に秋田のところで述べたように、NHK放送文化研究所が行った全国県民意識調査において「流行おくれのものを着たとしても気にならないほうですか」という問に対する肯定の答えは一九七八年、一九九六年とも福島が第一位であった。秋田の場合は七八年には第三位であったのに、九六年には一七位に下がっているのとは大きな違いなのだが、この他にも「自分の父（回答者が男の場合）、母（回答者が女の場合）を手本に生きてゆきたいと思いますか」「お宅では日ごろつきあっている親せきは多いですか」などの問に対する肯定の答えは七八年、九六年ともに一位であった。保守的な傾向が変らずに続いているためだと解釈できそうに思う。

関東地方の人柄診断

茨城県人

茨城県出身の有名人：梶山静六、江戸英雄、水戸泉、中川志郎、深作欣二、柳生博、渡辺徹、渡辺篤史、松居直美、徳川光圀、間宮林蔵、塚原卜伝、横山大観

人づきあいに計算がない

茨城県の県民性をあらわす言葉として有名なのが、「三ぽい」である。「怒りっぽい」「忘れっぽい」「飽きっぽい」。これが茨城の「三ぽい」だが、水戸にはまた別の「三ぽい」がある。すなわち「理屈っぽい」「骨っぽい」「怒りっぽい」。

どちらにも共通するイメージは、単純で正直ということになる。

たしかに茨城県人は口下手でゴマスリができない。表現力が乏しいために、小さな誤

解が生じる。そこで摩擦ができる。わかってもらえないから怒り出す。人づきあいに計算ができないのだ。

しかも、怒りっぽい半面、すぐに忘れてケロリとしてしまうところがある。

これは茨城県人の陽気さ、単純さ、あまりものごとにこだわらない性格に原因がある。昨日ケンカをした相手でも、今日、自分を頼ってくれれば「よし、おれにまかせろ」と、ポンと胸を叩く。少なくとも、ウジウジとした内向的なタイプではない。

北陸の古都・金沢の大学から茨城県・水戸の大学へ移った金崎肇が、見るもの、聞くもの、すべてにあまりの違いがあることを『当世ひたち風土記』（叢葉書房、一九七八）のなかで次のように記している。

「水戸へ来てみて感じたことは、尻上がりな早口の言葉で、なんとせっかちだろうと思った。自動車の運転マナーの悪いことはただただ驚くばかりで、赤信号でもじっと待っておらず、横の信号が黄色になると、もう飛び出す。新聞によると、茨城県は事故率日本一とか」

「議論をするとよく怒り出すのも三ぽいの一つだし、議論に負けず、盛んに文句を言って突っ掛かってくるのも骨っぽいことの表われかもしれない」

「茨城の人々は北陸の人々と同様、東京へ大勢出ていったが、〝茨城巡査と千葉女中〟

と言われたように、巡査となって『オイ、コラ』と威張っていたのは、やはり県民性のしからしめるところであろうか」

この「茨城巡査」については、かつて私は私の著書『県民性』（中公新書、一九七一）のなかでこう書いたことがある。

「幕末の戊辰戦争では官軍に抵抗することとなり、敗れてのちは雄藩としての地位を失ってしまったため、維新後の士族たちにとって、官界進出への道は狭かった。そして唯一の打開の道として登場してきたのが巡査であって、かくて生まれたのが『茨城巡査』ということばである」

じつは、私がこんなことを書いたので、茨城県警の教養担当の部門が非常に気にして、この直後から、茨城巡査の言葉遣いを正そうという運動が始まったと地元の新聞記者から聞いたことがある。

今なお残る水戸藩の気風

先ほどの『当世ひたち風土記』に話を戻そう。著者の金崎は次のように記している。

「水戸へ住むようになり、私の勤めている大学では、学生の間でも先生の間でも、話をしているとよくソンジョー、ソンジョーという言葉が出てくる。何だろうと思っていたら、尊皇攘夷を縮めて言っているのだった」

茨城県にはいまだに、幕末の精神が息づいているわけである。

江戸時代、この地方は十いくつの藩と幕府直轄の天領とに分れていた。そのなかの代表格が水戸藩で、徳川家の親藩御三家の一つであった。歴代藩主のなかで最も知られているのが第二代の光圀《みつくに》で、当時から名君の聞こえが高かったが、テレビの連続ドラマでも知られる「水戸黄門漫遊記」は彼の死後、一〇〇年以上もたった幕末から明治初年にかけて作られた講談をもとにしており、悪い役人等を懲らしめながら全国を歩いたというのは全くのフィクションであるらしい。

光圀が本当におこなった大きな仕事は『大日本史』の編纂であり、このために全国から優れた儒学者が集められてこの仕事にあたったが、ここでおのずから作られることになったのが「水戸学」と呼ばれる学風で、一言で言えば尊皇攘夷の徹底であり、士風の衰えを嘆じて、弛んだ忠義心をふるい起こし、皇室の尊厳を守り、神州の不滅と優越を強調するというものであった。

諸藩の志士は先を争って水戸に留学したが、九代藩主の烈公・斉昭《なりあき》は藩校・弘道館を作って義務教育の場として逸楽をしりぞけ、歌舞を禁じた。こうした精神世界のなかに住む水戸藩の武士たちは代々狭い領地で縁組を重ね、他藩との婚姻は殆どないので、いわば同じ血でつながる大親族が形成され、そこに熱烈な団結心も生まれた。

　こうして水戸には現在なお水戸藩の気風が残り、水戸藩指南役が開設した剣道の大道場・東武館では今も多くの市民が汗を流している。このような水戸の住民の性格を表現する言葉として昔から言われているのが「理屈っぽい」「骨っぽい」「怒りっぽい」の三つであり、これを水戸の「三ぽい」と呼ぶことは前にも述べた。

　以上もっぱら水戸を中心として述べてきたのだが、茨城全体の県民性も同じ様な特徴を持っているようで、よく言われるのが激情性である。つまり短気で熱情をたぎらせながら、目的まで突進するという特質だ。要するに極めて純粋なのだが、悪く言えば単純に過ぎることになる。したがって政治に関心ある人々は多いのだが、とかく過熱し過ぎて政治家としては成功しないのだと言われている。また情には厚く誠実なのだが、どうも宣伝が下手、おせじが下手なのでとっつきにくいのだと言われている。

　なお、茨城県開発部が県民三千余名に対して調査票を用いて行った「県民性調査」の結果をみると、県民自身が県民の短所として感じているのは「気が短く、熱し易くさめやすい」ことだという点なのであり、外からの評価と一致している。しかしその反面では「親切で勤勉」という点が長所として県民からはあげられているのである。こうした点について外部の人々があまり気がついていないようなのは、やはりおせじが下手でとっつきにくいためかと考えられる。なおプロローグのところでも述べたように方言の専門家によれば、この茨城県と栃木県は日本全国で最も敬語の発達していない地域であり、専門家の間では「関東無敬語地帯」と呼ばれているが、こうした事実も関連してくると思う。「茨城巡査」の言葉遣いについて考える場合にも忘れてならない点かもしれない。

ビジネス社会でも、茨城県人の口下手で無器用な性格はマイナスとなる。だから、いちばん適しているのは警察と消防だなどという皮肉も聞かれるが、おおらかでものごとにこだわらない茨城県人は意外にタフである。

栃木県人

栃木県出身の有名人：渡辺美智雄、井深大、島桂次、柳田邦男、牧野昇、立松和平、落合恵子、渡辺貞夫、森昌子、ガッツ石松、春川ますみ、田中正造、山本有三

関東無敬語地帯

栃木県出身のある学生はこの県について次のように書いている。「栃木県というところは、生き生きとした若人の県というよりは、保守的で、積極性に乏しい県だと言ってよいだろう。東京などに出て、新しい空気に触れ、革新的なものをいろいろ学んでも、自分の県にもどると、そうしたものをうまく活かし切れず、やがて同化してしまう傾向が強い。冒険に類するようなことは好まれず、着実で無難な道を選ぶ傾向が強いのだ」

しかし彼はこうも書いている。「長所としては、真面目で正直なこと。仕事は遅いが、こつこつと着実にやるほうで、人間は固い」

他の人々による栃木評も大体これと同じようなのだが、もうひとつ多くの人々が挙げているのは、派閥嫌いの団結嫌いで、各自がめいめいに独自の道を行きたがる傾向が存在するという点である。

要するにまじめで、正直、着実なのだが、茨城のところで述べたように、茨城と並んで、この栃木は敬語が日本全国で最も発達していない、関東無敬語地帯に入るので、どうも初対面の印象は悪くて、世渡りの下手なタイプとなってしまう。しかしその一方で栃木県人は官僚になると出世するとも言われている。律儀で正義感が強いからである。たしかに官界には切れ者が目立つ。地味な性格だが、まじめで堅実な点だけは認めてもいいようだ。

しゃれを愛し、冗談を好む

栃木県出身の政治家・渡辺美智雄は県民性についてこんなことをいっている。

「山は低いし川は浅いし、中途半端で、有名人でもどこか屈折している人が多い。まともじゃ目立たないので、女性もなんとなく筋肉質でかわいさが足りない。男が頼りなくて、それを補っているからかな」

男の頼りなさというのは、まとまりに欠け、足を引っ張り合う性格を指しているらしく、そのへんの事情をこう説明する。

「連合してことに当たるのが下手である。土地改良事業にしても、途中で仲間割れしてうまくいかなくなる。大藩のあったところはうまくいく。栃木県は昔から農家の耕地面積が広くて、人に頼らなくても自分だけで食えたから。やっぱり、小藩や天領を細かく置いた幕府の政策のせいだな」

その半面、八木節《やぎぶし》に見られるような、しゃれや冗談好きの風土でもある。栃木の男性には反骨的な気風に見えて「宵越しの金は持たない」といった下町風の刹那《せつな》主義もあるし、なかなかつかみにくい。

栃木県出身のソニーの名誉会長だった井深大は、栃木の県民性は日本人の国民性ではないかという。

「たとえば独創性がないとはいえないが、独創性を評価するのが下手である。これは日本人だけれども、また栃木県人もそういうところがあるかもしれない」

この栃木や茨城、そして群馬の三県はふつう「北関東」として一括されているのだが、共通しているのは先の渡辺美智雄も触れている、江戸時代には小藩分立していたという事実で、謀反や反乱を防ぐための幕府の政策によるものであった。これは関東全体に共通する点で、そのため大藩が皆無だった。もと大藩があったところでは、県民性よりも藩民性が今でもはっきり残っていて、東北地方の場合にはこれがほぼ全域に共通する特色なのだが、北関東、さらには関東全体においてはそういうことが全くみられないのだ。

群馬県人

群馬県出身の有名人：福田赳夫、中曽根康弘、小渕恵三、中島常幸、黒岩彰、渡辺久信、金井美恵子、糸井重里、三国連太郎、小林桂樹、由紀さおり、井森美幸、向井千秋、内村鑑三、田山花袋、萩原朔太郎

女に負けず男も威勢がいい

この県のなにより大きな特徴は、群馬の北部と西部の両山岳地帯に挟まれた位置にある前橋周辺地域は冬になると日本随一の乾燥地帯になるという事実であって、このために上州名物の「からっ風」が生まれた。これに加えてこの前橋周辺では、夏になると雷雨が多く、これまた上州名物のひとつにかぞえられている。

それでは上州気質についてはどうだろうか？

作家の司馬遼太郎は千葉周作を主人公とした『北斗の人』という小説のなかで、上州人をこんなふうに書いている。

「死罪人の威勢のよさは天下で上州に及ぶものはないという。普通死罪人というのは、いざ首切りの場に曳き出されるときには気が挫《くじ》け、顔は紙のごとく白くなり、膝頭が震えてほとんど歩行しかねるほどだが、上州高崎あたりの獄舎にかぎっては、どの死罪人も鼻唄まじりでやって来、なかには首切り役人に、『おれの首には鉄の筋金が入ってる。肝を据えて斬らねえと斬れるもんじゃねえぞ』、と最後まで見栄を誇って毒づく手合いまである」

上州は二度、天下を取っている。まず、鎌倉武士がこの原野で技を練って、都に押し上がって平家を滅ぼし、鎌倉に幕府を開いた。つまり、上州の兵馬が天下を取ったことになる。そして足利氏と新田氏。上州人には昔から、農民といえども村々で剣術を学び、腕を磨き合う風土があった。

群馬県というと、プロローグでも触れたように「カカア天下」のイメージが強いが、男も負けずに威勢がいい。県民にアンケートをとっても、「言葉が荒い」とか「短気」「熱しやすく冷めやすい」といった性格が上位を占める。また上州人の性格について分析を行なった群馬大学心理学教室教授・国沢博のまとめるところでは、新しいものにはすぐ飛びつくが、飽きっぽい、鼻息は荒いが、案外と見栄坊で気のいいところがあり、おだてにのりやすいのが特徴だと言う。

ギャンブル好き

こう言った気性がプロローグでも触れた国定忠治や大前田英五郎と言った、有名な「侠客」を含む「上州無宿」を沢山生みだしたことになるが、更に重要なのは、県内が一時は三〇〇を超える小藩に分けられ、天領、大名領、旗本領などがモザイクのように入り組んだ政治体制下に置かれていたという事実である。そのために治安の目が殆ど届かず、役人に追われても、隣の領地に逃げ込んでしまえば、役人はどうしようもなかったのであり、国定忠治ら日本でも最も知られた「侠客」がこの地に生まれた理由はここにあると指摘されている。

なおこの地方の民俗研究家・萩原進によれば江戸末期の無宿者が上州に最も多かった原因として、先にあげた領地体制の特殊性や気前のよさ等の性格に加えて、製糸、織物業が江戸の発展とともに江戸に近接するこの地で盛んになり、経済的に豊かであったこと。また上州には多くの交通路が発達していたため、宿場も発達し、加えて草津、伊香保その他の温泉地をはじめとする遊山地が非常に多く、こうした場所でバクチが盛んになったというのである。

現在の群馬県人もギャンブル好きだ。全国有数のパチンコ王国であり、競馬、競輪、競艇、オートレースとあらゆるギャンブル場がそろっている。

なおこの県は電車、バスなど、公共の運輸機関があまり発達していないので、人口に対する自家用車の台数の割合が全国で最も高く、農家では一軒で五―六台も持っているのが普通である。なお全国どこの農家でもお姑さんだけは自動車の免許証を持っていないことが多く、町へ買物に出る時には、お嫁さんの顔色をうかがいながら、お嫁さんの運転する自動車で送ってもらわねばならず、嫁姑の関係が昔とは逆になっている場合が少なくない。群馬の場合には自家用車に頼ることが殊に多いため、右のような現象が特に目立っていると考えてよいかもしれない。

カカア天下とは?

最後に「カカア天下」ということについて一言触れておく。いささかからかい半分のニュアンスのこもった言葉であるだけに、県民自身の反応も複雑なようだ。これは若い女性にとっては抵抗の感じられる言葉であるらしく、上州女はみな権力ばかりふりまわすように思われては困るなどといった抗議があるようだが、男性側の抗議は案外に少ない。群馬出身のある男性は「群馬では亭主関白ではない、家庭のなかが民主的だということだと、むしろ誇りに思っています」と言っていたが、案外こうした見方のほうが多いようである。

このことばの由来や起源等については、さすがに地元の群馬では多くの本が出版されているようだが、民俗研究家・斎藤長五郎はその著書『かかあ天下と上州女』（高崎市婦人団体連合会、一九六九）で次のように述べている。「上州では製糸、織物業の発達により、特に女性の経済的権力が強く、そのために女性の発言力が強くなったのだが、それは決して『威張りくさったカカア』ということではなくて、他国の専制的封建的な父権家族に比べれば極めて民主的なものとして、群馬の男性はむしろこれをこころよく受け止めており、揶揄的な他国人の思惑とはだいぶん食い違ってくる」

私自身の観察でもこの説明はあたっているように思われる。なお徳富蘇峰が明治二十二年、『西毛時事』という雑誌に上州気質について書いているなかには「上州地方ぐらい男女同権がよく行われているところはない」というくだりがある。

埼玉県人

埼玉県出身の有名人：樋口久子、斎藤雅樹、仁村徹、森村誠一、金子兜太、蜷川幸雄、久米宏、所ジョージ、萩原健一、大場久美子、五十嵐淳子、森尾由美、羽生善治、渋沢栄一

埼玉サツマイモ説

埼玉はサツマイモに似ているとよく言われる。県の形が似ているし、なによりもあまりはっきりしない味が埼玉的だという意味である。「非常に素朴で泥臭いが、誰からも嫌われない」というサツマイモの味はそのまま、埼玉の県民性を表現する言葉となりそうだ。つまり県民自身によって指摘されている特色は、平凡でアッサリしていること。

よく言えばおっとり、悪く言えば押しの強さがないということになる。また「特徴のないところが特徴である」という人もいるが、案外に当たっているのかもしれない。

なお『現代用語の基礎知識』（自由国民社）の一九八五（昭和六十）年版は、当時流行の若者用語として「だ埼玉」という言葉を載せていて、「あかぬけしない埼玉県。『ださい（野暮ったい）』と組合わせて、タモリがはやらせた」と説明がついている。

群馬や茨城と同じく江戸時代には小藩分立の状態だったが、ここでの大きな特色は台地や低地が全体の約三分の二をも占めるといういわば平坦性であると地理学者の新井寿郎は指摘する。そのために埼玉は江戸が大都市となって以来、その後背地として開発が進み、産業や文化の面でも江戸との関係が深くなったのだが、そのためにここ独特の特色が何も作られることなく、現在にいたっているとも言える。県庁所在地の浦和市もかつては小さな宿場町であった。維新後、全国でも珍しく、町制のまま、県庁所在地となったが、市制がしかれたのはずっと後の昭和九年であり、今でもこの浦和市の性格はあまりはっきりしないというのが専らの批評である。

中心がない県

どんな県にも中心都市というのがあって、それが経済面、文化面でも県の中心機能を持っている。いわば、県の顔である。ところが埼玉の県庁所在地・浦和市は、行政の中心ではあっても、顔としての機能は持っていない。それがよけいに埼玉の印象を薄めているともいえる。

城下町としては川越、岩槻《いわつき》があるが、どちらもあまり発展していない。大宮も浦和もかつての宿場町だから特徴がない。どこを見ても、埼玉はぼんやりとした印象だけしか与えてくれないのだ。そこで、なんとか埼玉の顔となるような大都市を作ろうというところから浦和、大宮、与野の三市が合併して「さいたま市」が誕生することになったのである。

なお秩父山地だけは他の地域とはだいぶん異なっていて、寒さも厳しく、平地は少なく、こうした風土の結果として、素朴だが激しい秩父独特の気性が生みだされ、明治十七年、世界恐慌が重なって農民の生活が困窮した時には、秩父困民党を結成して蜂起し、役場、警察、高利貸を襲撃して、全国に勇名をとどろかした。

この秩父といろいろな意味で対照的なのは東京に接する県南部で、東京との間には平地がひろがり、双方の間を隔てる障害物は何も無かったため、明治以降、東京との結びつきは交通網の発達とともにますます強くなった。

特に昭和三十年代後半の高度経済成長期になると、京浜地帯からの転入者が激増し、昭和三十五年に二四〇万であった県人口はその後の二〇年間に五〇〇万を越え、二倍以上という全国最高の増加率を示した。因みに平成二年から七年までの五年間の人口増加率は五・五パーセントで全国最高だった。

埼玉都民

この結果として人口一〇万に対する病院のベッド数も全国最低という数字が示されているなど、福祉その他の面においてさまざまな問題が生じている。なおこうした地域に流入した人々は東京への通勤者が大部分で、顔はいつも東京の方向に向いているため、「埼玉都民」という新語も生まれた。ついでに触れておくと、通勤、通学にかかる埼玉県民一人あたりの平均時間は一・一時間で、全国最高となっている。

だがこのような「埼玉都民」の急増の結果としてもうひとつ見逃せないこの県の大きな特徴は六五歳以上の人口の全人口に対する比率が極めて少ないことで、全国最低の数字がずっと保たれている。

この事実とある程度関連しているのかなと思われるのは県民の意識の特徴で、ＮＨＫ放送文化研究所の全国県民意識調査において「年上の人のいうことには、自分をおさえて従うほうがよいと思いますか」という問に対する肯定の答えは一九七八年には埼玉が全国最低（九六年には最低から二番目）で、埼玉の特色として保守性の弱さをあげることも出来そうだ。なお同じ県民意識調査で「あなたは自分の県が好きですか」という問に対して「はい」の答えは七八年、九六年とも全国最低であった。

千葉県人

千葉県出身の有名人：浜田幸一、青木功、長嶋茂雄、篠塚和典、石毛宏典、掛布雅之、鈴木大地、髙橋治、本宮ひろ志、山崎努、高橋英樹、竹脇無我、滝田栄、市原悦子、永島敏行、日蓮、伊能忠敬、国木田独歩

「上総奉公」の地

江戸時代には千葉もまた小藩と天領とに細かく分れていた。そのなかで最も大きいのが八万石の佐倉藩だったが、こうした歴史的背景のために郷土意識は弱く、また小藩であったために、それぞれの地域にはっきりした伝統が育たず、県民性と言われるような特色が出来なかったという点は埼玉の場合とよく似ている。

歴史家の小笠原長和によれば、歴史にあらわれたここの住民の特色は保守、穏健、質実で義を重んじ、生活態度は放漫のようで細かく、一般的に言って勤勉ではあっても、ずばぬけた努力家は必ずしも多くはなく、事大的で合理主義をこのまない。そして気宇壮大で計画性に富んだ人物は多かったという。

特に注目すべきは江戸時代後期の特色で、この時代には全国で百姓一揆が頻発していたのに、房総では百姓一揆が甚だしく少なくて、殆ど皆無と言ってよかった。有名な佐倉宗吾の事件が起きたのはこの地だが、これはまだ史実としては確認できないとも言われているし、むしろ房総での一般的風潮は「殿様有難し」と感泣するような状態であったという。つまり前にあげた保守性、穏健性がここにもあらわれているとみてよいのである。昔から「上総奉公」なる言葉があった。どの村でも二、三男や娘は皆江戸に出て奉公式勤めをするのが習慣だった。男だったら武家屋敷や商家の小僧奉公。女だったら女中奉公ということになったが、この習慣は比較的最近まで続いていたようで、体制に順応していく考え方は、こんなところからも強められたらしい。

なお戦国時代に書かれて武田信玄が愛読したと言われる『人国記』は全国各藩の人々の気質の特徴を描いているので、よく知られているが、これによれば安房の人間は性格がきつく、協調性にも欠けるところがあった。日常の動作もかたくなでぶっきらぼうなところが目立つ。上総の人も大体同じだが、偏屈なところが目立ち、向こう見ずな性格であった。このように戦国時代はなかなか際立った特性が藩ごとに見られたようなのだが、江戸時代になるとかなり変化して、かつては猪突猛進型であったのが、やたらと従順になって「殿様有難し」の性格になって行ったと言うことになる。そしてこれはこの地が江戸という幕府の本拠にあまりにも近かったからであって、「上総奉公」の習慣もこうして生まれたのであった。

なおこの房州出身者のなかで最も知られているのは伊能忠敬（一七四五―一八一八）であろう。下総国佐原村（現在の佐原市）の豪家・伊能家の養子となり、酒造業を営むかたわら米、薪の取り引きを行い、また名主となって飢饉の際には私財を投じて難民を救い、このために苗字帯刀を許されたが、五〇歳の時に家を長子に譲って江戸に出て、当時暦学の大家として知られた高橋至時《よしとき》について天文、暦学、測量術を数年にわたって学んだ。そしてこのあと蝦夷地（北海道）を皮切りに日本全国の測量を一七年にわたって行い、日本で最初の正確な地図を作成したことで知られているのだが、考えてみると彼の場合は江戸に極めて近いこの地にいたからこそ江戸で学ぶことが出来たのだと言える。

海女《あま》とカカア天下

なおここで注日しておくべきなのは、千葉の漁村が持つさまざまな特色である。第一は九十九里浜だがここは地曳網漁においては日本でも最も代表的なところとして知られ、古くからサバ、イワシなどをとっていたが、親方たる網主を中心とする主従関係には封建的な色合いが強かったようだ。

これと並んでよく知られるのが海女の存在である。三重県の志摩半島、静岡県の伊豆半島とともに、ここ千葉の安房郡、夷隅郡は海女の三大中心地となっている。潜水してはアワビ、サザエ、テングサをとってくるのだが、海女が重要な役目を果たしているところの共通点として、女性が経済的実権を握っていて、発言権も極めて強いという事実をあげることが出来るのであって、この点は群馬の女性と共通しており、このあたりでも「房州名物、カカア天下に西の風」などと言われている。なお最近は若い女性もどんどん都市へ移動してしまっているが、房州で私が見たところでは学校時代に水泳部で水泳をやっていた若い女性たちで、海女にあこがれてやってくる者が多くあるようだ。なおこの海女の技術はもともとは韓国の済州島などから伝わったものであるらしい。

なおこの県の県民性を考える際に極めて注目されるのはＮＨＫ放送文化研究所の全国

県民意識調査であって、このなかの「次にあげることは、どうしても許せないことだと思いますか」として、「他人にウソをつくこと」「夫婦の間以外の性的関係」「ではかけごとについてはどうでしょうか」と三つのことについて尋ねているのだが一九九六年における「はい」の答えはこの三つのいずれについても千葉が全国で最低なのであり、極めて寛大な考え方が特徴らしいとわかる。また「家庭生活では一人一人が好きなことをして過ごすよりも、家族の団らんを大切にしたいと思いますか」の問に対する肯定の答えはこれまた全国最低で、個人を尊重する傾向の強いことがわかるのだが、この四問のいずれについても七八年においては答えは若干上のほうにあり、この両年の間に意識の変化が起っているらしいのだ。

なお「あなたは自分の県が好きですか」の問に対して「はい」の答えは七八年、九六年とも埼玉に続く、最下位から二番目であった。

東京人

東京都出身の有名人：宮沢喜一、橋本龍太郎、鈴木俊一、渡辺恒雄、堤清二、王貞治、田淵幸一、松坂大輔、ファイティング原田、若乃花、貴乃花、山口瞳、星新一、小室直樹、吉村昭、村松友視、椎名誠、東海林さだお、田中康夫、吉本ばなな、大橋巨泉、黒柳徹子、関口宏、萩本欽一、ビートたけし、高田純次、岩下志麻、桃井かおり、吉永小百合、山口百恵、松任谷由実、中山美穂、近藤勇、葛飾北斎、勝海舟、尾崎紅葉、樋口一葉、芥川龍之介、三島由紀夫、白川英樹、泉麻人

江戸時代からの大都市

江戸の建設は、室町の中頃、この地方に進出して江戸城を築いた太田道灌《どうかん》のときであったが、一大都市として発展するにいたったのはいうまでもなく、家康がこの地に幕府を開いてからである。それが一〇〇年もたたない一七世紀末の元禄年間には人口一〇〇万に達していた。当時のロンドンの人口が八〇万、パリが五〇万。ニューヨークにいたってはまだ六万にも達していなかったのだから、当時すでに、世界最大の大都市となっていたことがわかる。

このように急激な人口増加が起ったのも、江戸幕府の中央集権制、とくに参勤交代制によるところが大きかった。すなわち大名の家臣団は江戸に常住せねばならず、幕末の記録によればこれの武士だけで約二〇万。それに商人、職人等々が一三〇万。計一五〇万にも達していた。

こうなると支配層であるどこの大名や家臣団も、全国の余剰生産物（年貢）を当時の経済の中心地である大坂で現金に換えて江戸へ送り、ここで消費することとなった。全国の年総額の三ないし五割が江戸で消費されたといわれる。こうして江戸は当時の日本の消費の中心地となり、商人や職人の数は急増した。これに加えて関東や東北の貧農が多数流れ込み、「江戸は諸国のはきだめ」などと評されるようになったのだが、「江戸っ子」の性格もまた、こうした状況を背景として作られて行ったのだ。

「江戸っ子」とは？

この「江戸っ子」という言葉の生まれたのは歴史家の濱田義一郎によれば一八世紀後半、つまり江戸も中期に入ってからなのであり、これと言うのも、江戸が始って一五〇年がたち、このころにいたって生え抜きの江戸生まれの者の間に連体感が生まれてきたためと思われる。これ以前にも「江戸者」という言葉はあったのだが、それは「江戸に住んでいる者」全体をさして包括的に呼ぶ言葉であるのに対して、「江戸っ子」のほうは、あくまでも「江戸の生え抜き」で、しかも三代前までの者まですべて、江戸生まれの者に限って使われるようになった。そしてこういう名称が出来上がったのも、江戸誕生後一五〇年がたって、三代ここに住むものが出てきたからに他ならない。

江戸っ子の第一の特性は江戸が消費都市であるという事実によってつくられた。江戸における最大の消費者は武士で、商人は売込みを競い、うまく幕府の御用商人としての特権を手にいれた者が最も優位に立つ事になった。こうした売込み競争に勝つために敏《びん》捷《しょう》で頭の回転が早くなり、気が短くなり、悠長なことを馬鹿にするようになったのだ。

さらに江戸の商人は、商品を売込むために、饗応、リベート等々の手段を使って競いあい、目的のためには金を湯水のように使い、金を蓄えることなどあまり考えなかった。これに加えて、日常接している武士達の持つ、金銭蔑視の考え方にも強く影響されることになり、江戸っ子の間では「宵越しの金はもたぬ」という気風が生まれ、「気前のよさ」を誇示するようになったのである。但し宵越しの金をもたないことを誇るのは同じ江戸っ子の中でも職人のほうであり、町人のほうは、倹約すべきときには倹約して金を貯めておき、人目につくようなところで、派手に使ったものらしい。

こうした派手な消費の象徴化されたもののひとつが、旧の四月（今の五月で「目には青葉山ほととぎす」といわれるころ）、黒潮にのってやってきて、魚河岸にはじめて到着した江戸近海の鰹であり、初鰹といってきそって食べた。その量は限られ、価格は著しく高い。このうちの何本かは真っ先に将軍家へ献上されるのだが、商人たちは味そのものよりも、気前のよさを誇示したのである。誇示する相手はもっぱら武士であって、貧乏者の武士なんかにはこんなものは決して食えめえと言うわけで、町人の経済力を大いに誇示して満足感を味わったのだ。時には闇のルートで船を出し、将軍の口に入るよりもっとはやく鰹を手に入れたりもした。

なお武士階級からの影響として、金銭に対する観念だけにとどまらず、義理人情を重んずるようになったこともあげられる。我が身を捨てても義理を果たし、一旦恩を受ければ絶対に忘れないと言う気風は、江戸の商人の気風となり、更には勇み肌の職人気質の中核を作って行ったのである。

このように商人たちを観察してみると、一方では「初鰹」に象徴されるように、内心では武士をばかにしているのだが、それでいて商人たちは御用商人になって名誉と地位を獲ようとする矛盾した姿勢を持っていた。結局のところ、偽らざる心情は支配者である、位の高い武士に同一化して、田舎者や田舎出の武士たちを徹底的にばかにするところにあったように思われる。そしてこうした見方は明治以降、現在においても東京人の特徴として強く残っているように思われる。

山の手と下町

明治に入って薩摩と長州、土佐等々の武士が新しい東京の支配者として登場してからここに生まれたのが、山の手と下町と言う、対立する二つの地域であった。これは江戸時代以来の呼び名であったのだが、山の手は武家の住む地域、下町は町人の住む地域だった。これが明治に入って、山の手は官吏、軍人のまち、下町は商人と職人のまちとなった。その後は時代とともに移り変わり、前者はインテリ、後者は非インテリのまちという色彩がつよくなり、同じ東京の中でも二つの異質の文化圏として成長してきたのである。昭和十年代には郊外住宅地が生まれるが、戦後になると山の手、下町、郊外の境界も次第にはっきりしなくなり、相互間の人口移動も著しい。

しかしそれでも下町育ちの人々は江戸伝来の義理人情を重んじ、気っぷがよくて勇み肌のところがある。これに対して山の手の人はそうしたものをひどく嫌い、むしろ合理主義的、個人主義的傾向が強くてエリート意識の伴う場合も少なくない。こんな風に両者の間に相当大きな性格の違いがあるため、同じ東京のなかでも両者の間柄は必ずしもよくないように思われる。

神奈川県人

神奈川県出身の有名人：田川誠一、河野洋平、アントニオ猪木、愛甲猛、東山魁夷、笹沢左保、野坂昭如、平井和正、黛敏郎、加山雄三、黒沢年男、岸恵子、名取裕子、美空ひばり、桑田佳祐、近藤真彦、小泉今日子、二宮尊徳、岡倉天心、吉川英治、今東光、杉山愛

都会的な県

千葉や埼玉がベッドタウンの地域とそうでない地域を持っているのに比べて、神奈川だけはどこへ行っても開けた都会的な町が続くのが、他県には見られない最も目立つ特色だと言える。実は国立公園の箱根も丹沢山地を含む丹沢大山国定公園もこの神奈川に

属するのだが、ここを通るＪＲや私鉄のどれに乗ってみても、最後まで都会的な町の光景が車窓に尽きることはない。東京から出ている電車の場合でも、東京から少し遠くまで離れれば、次第にひなびた地域が車窓に展開される他県の場合とは非常に異なっている。

ここで県の中央にあって、海に突き出ている三浦半島を見ればここの沿岸には鎌倉、逗子、横須賀、三浦といった四つの市が位置しており、横須賀は幕末に幕府の洋式造船所が作られ、明治に入ると日本海軍の軍港となり、戦後は米海軍と自衛隊の基地のある大都市になっている。

鎌倉は一二世紀末、源頼朝がここを幕府の根拠地として征夷大将軍になってから日本の政治の中心地として栄え、続く室町幕府はここに将軍補佐役の管領《かんれい》を置いたが、その後の戦乱を経て、軍事的政治的重要性は全く失われた。しかし鶴岡八幡宮をはじめとして社寺の数は極めて多く、中世史跡都市として観光客がいつも絶えないが、ここは同時に由比ケ浜、七里ケ浜、江ノ島を持つ海水浴場、別荘地としても知られている。そして逗子もまた海水浴場、別荘地であり、三浦は水産、観光都市である。

以上あげた四つの市に加えて、三浦郡葉山町はこれまた海水浴場、別荘地であるほか高級住宅地でもあり、加えてここには須崎、那須と並んで葉山御用邸（皇室の別邸）があることで知られている。なお先にあげた所からはいずれも東京への通勤が盛んに行われており、東京の文化の影響は極めて大きいのである。

なおこの三浦半島西部から伊豆半島の根元あたりにおよぶ神奈川の海岸地帯をふつう「湘南《しょうなん》」と呼んでいる。相模の南部という意味だが、ここには以上にあげた他にも、藤沢、茅ヶ崎、平塚、小田原などの都市が並んでいる。こうした点が、一見すると神奈川によく似ていると思われてしまう兵庫県と大きく異なる点で、兵庫県の中心である神戸は横浜と並ぶ日本最大の国際貿易港なので、兵庫県全体としても神奈川によく似ていると考えてしまいがちなのだが、兵庫県の場合は神戸からずっと北上すればその昔、丹波の国と言われた地域をかすめて日本海にいたる。つまり兵庫の場合は神戸などの諸都市のある瀬戸内海沿岸地方だけでなく、山に囲まれた丹波地方、冬は雪に埋もれる日本海沿岸地方もあるのであり、この点が神奈川の場合とは大きく異なるのだ。

合理的性格

こうしてみると、神奈川は日本でも最も都市的、都会的な県だとわかるのだが、県民性にも非常に大きな特色があるようだ。私の持つ資料のなかでは例のＮＨＫ放送文化研究所が一九七八年に行なった全国県民意識調査のなかに、それが最もはっきりと示されているように思う。

すなわち「お互いのことに深入りしないつきあいがよい」という意見に賛成の答えは全国で最高。「神でも仏でも何か心のよりどころになるものがほしい」「国や役所のやることには従っておいたほうがよい」「地元の面倒をよくみる政治家をもりたてたい」「生活の心配がないとしても働きたい」という四つの意見に対する賛成の答えはいずれも全国で最低。そして「神奈川県人だという意識をお持ちですか」「職場や仕事でつきあっている人には信頼できる人が多いですか」「天皇は尊敬すべき存在だと思いますか」という三つの問に対する肯定の答えはいずれも全国で最低から二番目。それから「地元の行事や祭りには積極的に参加したいと思いますか」「隣近所とのつきあいは多いですか」「隣近所の人には信頼できる人が多いですか」「職場や仕事、商売でつきあう人とは仕事以外のことでもつきあうことが多いですか」という四つの問に対しての肯定の答えは最低から三番目であったのだ。

要するに極めて都会的性格がつよいのであって、個人を尊重することをいつも中心に考え、なにごとにおいても合理性を重視する、これが神奈川県民の考え方の特徴だと言えるだろう。なおこうした特質は特に「浜っ子」と呼ばれる横浜の市民によくあてはまる。よそ者に対する閉鎖的な意識もあまり無いのだ。しかも民主的というか、総花的とでもいうのか、全員に平等なチャンスを与えようとする傾向が強い。徳島県出身で、横浜に勤める女子教員はこういう例を挙げている。

「県立技術高校というのがある。これは職業訓練校を高校に格上げしたようなもので、二年間通うと就職して、あとの二年は夜間になる。成績の低い生徒でも行けるような配慮が払われている。また、横浜の人はつきあいが上手で、折衷案を出すのがじつにうまいという印象を受ける」

そういった明朗さが神奈川県民の長所といえるのだが、気候にも恵まれ、開放的な土地柄だけに競争心や忍耐力はあまり強くない。よくも悪くも「民主的」なのが、この県の特徴ということになるだろう。

また神崎彰利らの『神奈川県の歴史』（山川出版社、一九九六）によれば江戸時代にはここは相模国と武蔵国とから成り立っていた。この相模国は殆どが旗本領であり、村役人や上層農民の娘は江戸の旗本屋敷へ行儀見習や奉公に出たが、他方、経済的理由から江戸の商家へ奉公に出た農民の娘もいたのであって、このほうは千葉の場合と非常によく似ている。こうして相模女・相模の出女などのことばが古くからあったらしい。

北陸地方
の人柄診断

新潟県人

新潟県出身の有名人：田中角栄、稲葉修、斎藤英四郎、ジャイアント馬場、佐藤忠男、水島新司、三波春夫、小林幸子、樋口可南子、三田村邦彦、桜井洋子、上杉謙信、山本五十六、坂口安吾

東京の風呂屋と豆腐屋は、なぜ新潟県人が多いか

新潟県人には地味で粘り強い性格に加えて、ひたむきさがある。それが職業と結びついたとき、公衆浴場や豆腐屋となったようだ。

昭和四十年代、銭湯がまだ東京のあちこちに多くあったころ、都内二七〇〇軒のうち一二〇〇軒が新潟県人によって経営されていたという。四〇パーセントを超える数字で

ある。

同じころ、都内約三〇〇〇軒の豆腐屋のうち、六〇パーセントが新潟県出身の一世、もしくは二世の経営する店だったという。

こうして東京などの場合、新潟県人会は、公衆浴場と豆腐屋の同業者の組合と重なりあい、他県の県人会をはるかにしのぐ、最も強力なものとなった。全国どこに住んでいても、県人同士の協力、助けあいは極めて強いのだ。殊に新潟県から大臣が出ると、全員が一致団結してこれを強く推すのであり、新潟から出た田中角栄は、こうして政治の頂点にまで登りつめて行ったのだった。

風呂屋と豆腐屋。どちらも地味で単調な仕事だ。風呂屋は夜が遅く、豆腐屋は朝が早いという違いはあるが、労働のわりには儲けが薄い。しかも毎日の生活に欠かせないから、目新しさより堅実さが求められる。

けれども、収入は小銭でも現金収入であり、家族だけの少人数でもすぐに独立できる利点がある。そういったところが、ひたむきな新潟県人の性格に合ったのではないだろうか？

こういう地味な商売を続けるためには、金銭感覚がシビアでなければならない。冒険はできないし、むだな経費も使えない。つまり新潟県人は、コツコツと貯め込むタイプが多いことになる。

名より実をとる新潟県人

新潟県人は名より実をとるタイプである。そのひとつの例として教育が挙げられる。長野県は明治初年の小学校への就学率が全国トップだったが、隣接する新潟県は全国最下位だった。明治九年の統計を見ると、長野の就学率六三・二パーセントに対し、新潟はわずか五パーセントにすぎない。

この、教育にはあまり熱心ではないという傾向はその後も続いている。たとえば新潟に県立短大（県立女子短大）が設立されたのは昭和三十八年だが、これは北海道を除くと府県立の短大のしんがりであった。また最近の大学進学率を見ても、新潟県は全国最下位クラスにある。隣の富山県に比べるとかなり低いのである。

実際、新潟県出身の学生がレポートにこんなことを書いている。

「新潟では男の子と杉の木は育たないとよくいわれる。男の子が育たないというのは、歴史をつくるような大人物を県から出していないということである」

大学に進んだとしても、新潟県出身者に立身出世を夢見るようなタイプは少ない。あくまで堅実なのだ。悪くいえば泥臭くて男の魅力には乏しいが、家族のために懸命に働く模範的な夫なのである。

派手さはないが働き者

読売新聞社の新潟支局が、『新潟美人』と題し、新潟の女性について連載したことがあるが、そのなかにこんな一文があった。

「新潟女性は役に立つことには実に熱心だけれども、役に立たないことにもっと熱心であってもいいのではないか」

これは女性だけでなく新潟県人全般に共通することでもあろう。たとえば労組の信越地方本部の会議などが開かれると、長野は女性を含めて侃侃諤諤《かんかんがくがく》の議論になるのに対して、新潟のほうはみんな黙っている場合が多いのだといわれる。

では新潟県人が消極的かといえば、決してそうではない。働くときには非常に積極的で、人目につかない地味な作業もいやがらずに黙々とこなす。むしろ、目立たない仕事にこそ意欲を燃やすタイプといえるだろう。

こういった新潟県人の性格は、ビジネス社会ではどうしても不利になる。働き者だが派手さがないために、周囲から評価されにくいからだ。

会議などでも発言は少ない。黙って聞いていることが多い。しかし、決定したことは忠実に遂行する。口先ばかりで行動が伴わないタイプはいくらでもいるが、新潟県人はまさにその逆なのだ。

恋にひたむきな新潟女性

新潟県出身の看護婦の数は、明治以来つねに全国の上位にある。社会的に大切な仕事のわりには労働条件が厳しく、しかも資格を取るまで時間のかかる看護婦を希望する女性は決して多くない。

にもかかわらず、新潟出身の女性がいつも上位を占めるというところに、この県の県民性があらわれている。なお新潟の女性はこの他にも旅館従業員、家庭のお手伝いさん、エレクトロニクス関係の工場従業員等々の分野で重要視されてきた。

性格は従順でおとなしいが、ひとつのことを我慢強くやり遂げるタイプである。これは職場や恋愛でも変わらない。お茶を出したり片づけたりといった作業を何気なくこなすし、残業も頼まれればいやとはいえない。ひとりの男性に心を奪われると、いつまでも思い続けることが多い。デートのときも自分をあまり主張せず、つねに男性の立場を考える。ひとことでいうと夫唱婦随のタイプになる。

なお最後に触れておきたいのはこの県の南西部で日本海に面した糸魚川市から静岡県

の富士川にかけて通っている、フォッサ・マグナと呼ばれる大きな地溝帯についてである。この地溝帯が先史時代から東西の交通を遮断していたため、東西の文化の交流がここでストップし、方言もここを境として東日本方言と西日本方言に大きく分れることになった。さまざまな慣習にしてもここを境にして東と西に分れているものが少なくないので、県民性を考える上でも注目しておく必要がある。

富山県人

富山県出身の有名人：綿貫民輔、堀田善衛、上野千鶴子、左幸子、野際陽子、風吹ジュン、藤子・F・不二雄、藤子不二雄Ⓐ

とにかくせっせとよく働く

「酒も賭け事もやらず、ひたすら働き、せっせと貯め込む勤勉家の見本」

これが世間一般にいわれる富山の県民性である。隣の新潟県も勤勉だが、その新潟の人が富山の人を評して「とにかくよく働く」と感心するほどだ。

富山県人がこれほどまで働き者といわれるのは、プロローグでも述べたように浄土真宗の影響が大きい。それに加えて富山藩の場合、隣の石川県・加賀一〇〇万石に比べてわずか一〇万石で、おまけに搾取《さくしゅ》が厳しく冷害も多かった。そういう経済条件のなかから、富山県人のずば抜けて勤勉な気性が育まれたようだ。

富山県人は団結力も強い。女性にはとくにその傾向があり、しかも家計のやりくりが上手で経済観念が発達している。大正時代のなかばに全国に広まった「米騒動」は、富山県魚津《うおづ》に始まっているが、これも漁村の婦人たちの団結力と行動力があったからだといえる。

ただ、この団結力の強さが警戒心の強さとなってあらわれる場合があり、富山はよそ者に厳しい土地柄でもある。富山県出身の女子学生はこんなレポートを書いている。

「父はもともと富山の人間ではなく関東出身なのですが、引っ越す前から続けていた本のセールスを富山でもやろうとしたところ、言葉がきれいだったものだから、どこの家でもたちまち警戒されてしまいました」

そういう土地柄だから、保守的な部分もかなり残っている。この女子学生は東京の大学に進学が決まったとき、「女の子をひとりで東京にやるなんて、よく許したね」と近所の人からさんざんいわれたそうである。

「薬売り」は信用が財産

富山といえばすぐ「越中富山の薬売り」を思い浮かべる。これは江戸初期からのもので先に商品を渡し、あとで使ったぶんだけの金額を集金する。現在でも全国を一万七〇〇〇人がまわっているという。

薬売りは堅実で、しかも息の長い商売である。信用も大事になる。その点が、地味で控え目で努力型の富山県人にはぴったりなのだが、見知らぬ土地を一軒一軒、訪ね歩いた労苦は並大抵のものではないだろう。

その代わり、一度お客の信用をつかめば商品が商品だけに着実な売り上げとなる。こうして獲得したお客さんたちの名簿（これを「帳簿」と呼ぶ）一冊の値段が数千万円はするというが、富山県人にとっては当然、それほど価値のあるものとなるのである。

長い時間をかけて先行投資する富山県人の性格は、教育への熱心さとなってあらわれる。富山県の高校進学率は全国第一位。大学進学率も一〇位台にあり、しかも公立高校から東大へ進学する生徒の比率がずば抜けて高いのが特徴となっている。富山県人は、仕事だけでなく勉強にも熱心なのだ。

県庁のある富山市には、喫茶店が非常に少ない。昼休みや仕事帰りに喫茶店に寄る習慣があまりないからだが、実際に県庁に勤める人もこんなことをいっていた。

「石川県の金沢は観光地だし、石川県庁の人たちも仕事が終わるとよく喫茶店に行く。

しかし富山県庁の人たちは、仕事が終わるとさっさと帰るようだ」

こういった県民性だから、仕事と無関係なつきあいは極力、避けようとする。仕事帰りに同僚と飲み屋に入るとか、お茶を飲むといった「むだ」なことはあまりしない。あるいは来客やお得意さんを喫茶店に誘って世間話をするということも少ない。仕事の話は職場ですればいいことで、お茶を飲んでとりとめもない話をするくらいなら、もうひとつ仕事を片づけたほうがずっと効率がいいという考え方なのである。

不倫を許さない風土

富山県人は一見おとなしいが、非常に我が強く負けず嫌いでもある。

ＮＨＫ放送文化研究所が一九七八年に行なった全国県民意識調査において「今の世の中では、実力のないものがおいてゆかれるのはやむをえない」という意見に賛成するという答えは全国で最高だった。富山県人の実力主義が極めてよくあらわれているという気がする。また同じ調査で、「公共の利益のためには、個人の権利が多少制限されてもやむをえない」「夫婦の間以外の性的関係はどうしても許せない悪いことだ」という二つの意見に同意する答えは、ともに全国で第二位であった。公共を重んじ、また不倫を許さない、厳しい側面があるのだ。

こういう富山の県民性は、実業界でその実力をいかんなく発揮することになる。富山県出身の財界人や実業家は数多いが、逆にタレントや芸能人は少ない。現実的で保守的な県民性が職業観にも表れている。

ビジネス社会においても、負けず嫌いで粘り強い富山県人はじわじわと出世していく。どんなセクションでも、実力主義を肯定する性格は途中で仕事を投げ出したりしないからだ。かりに自分の実力が他人より劣っていると認めた場合でも、富山県人はじっと耐えるのである。

女性の場合も、富山県人はとにかくよく働く。しかも男性より伝統的な道徳観が強い。恋愛にもストイックなところがあるし、格好だけで男性を評価しない。あくまで、まじめさを重視する。

その代わり、結婚してからはしっかり者で我慢強く、子供の教育にも熱心な妻となるから、夫は安心して家庭をまかせることができる。つまり、富山県の男性のようなタイプにはぴったりの妻なのだ。

石川県人

石川県出身の有名人：奥田敬和、森喜朗、輪島、神和住純、松井秀喜、永井豪、吉田日出子、鹿賀丈史、浅川マキ、泉鏡花、室生犀星、中谷宇吉郎、西田幾多郎

役人がモテる土地柄

ＮＨＫ放送文化研究所の全国県民意識調査のなかで「本来自分が主張すべきことがあっても、自分の立場が不利になる時はだまっていることが多いですか」という問に対して、一九九六年における「はい」の答えは石川が全国で最高だった。この結果と一脈相通じているのではないかと思われるこの県の特徴は、役人の占める位置が非常に高いという事実で、金沢市内の酒場で飲むときでも、市役所や県庁勤めの役人なら初めての店

でもツケを断わられることはまずないという。これは地元の人間も認めている。

江戸時代、最大の外様《とざま》大名だった前田家の加賀一〇〇万石では、文化の主役は町人ではなく侍だった。そこが大坂や京都、江戸とは違っている。

江戸や大坂の町人は、表向きは武士にペコペコしていたが、腹のなかでは舌を出していた。ところが金沢の町人は、心の底から武士を尊敬していたのである。

石川県は輪島《わじま》塗りや九谷《くたに》焼きといった日本の伝統工芸のメッカでもある。しかも、昔から加賀へ行くと「天から謡曲《ようきょく》が降ってくる」といわれたほどだ。屋根葺《ふ》きや植木職人までが謡の一節を口ずさんでいるからだが、それも能楽をたしなみとしていた武士の影響にほかならない。

武士を心から尊敬する町人は、利益（金銭）に対して淡白な態度を取っていた。しかも武士に負けないだけの教養を身につけることが出入りの条件となる。そういった歴史が、石川県人のおっとりと上品で、しかも権力に弱い性格をつくり上げたといえるだろう。

「金沢商人」の財産三分割に見るゆとり

大正から昭和にかけて、金沢市内には「無職業者」が全市民の二〇パーセント近くもいた。無職業者とは、定職を持たずに金利や財産などで生活できた人のことなのだが、社会的な地位はむしろ職業人より高かった。

それが可能となったのは、金沢の商人に藩政時代から伝わる財産三分法のためである。これは、全財産の三分の一を道具(美術品)、三分の一は不動産、残りの三分の一を商売の資本とするというもので、よくいえば堅実だが、あまりにおっとりしすぎて積極性に欠けるとしかいいようのない面もある。

その代わり、石川県出身の美術商は非常に多い。美術工芸の人材も豊かで、文化勲章受章者は東京、京都につぐほどなのである。

こういった伝統は、石川県民の心のゆとりを育てることになる。たとえば、現在の生活に満足していると答える県民の比率は日本でもいちばん高いし、国の政治がどう変わろうと自分の生活には関係ないと答える人も多いのだ。

こういう石川県人の県民性は、他人を押し退けてでもという積極さがないぶん、ビジネスの場で置いてけぼりを食いやすい。どちらかといえば、人のいい坊っちゃんタイプであり、同僚や上司から嫌われることはないが、あまり頼りにされないこととなる。ただし当人は気にせず、のんびりマイペースで安息の日々を送るのである。

性的関係には意外に厳しい

石川県出身のある学生は、県人会の名簿をめくって趣味欄を見たとき、あらためて加賀一〇〇万石の伝統を感じたという。「謡曲、詩吟、俳句、能、尺八、茶道、古美術、陶器、常磐津《ときわず》」といった文字があちこちに見られたからだ。

こういうおっとりした伝統は車の運転にもあらわれる。同じ学生によれば、「ガラガラの北陸道を制限速度以下で走っているのは石川ナンバーだけでした」ということになる。

酒の席でもちょっとしたところに石川県人の県民性が出る。たとえば、あれこれつまみながら酒を飲んでも、最後は軽い食事ですませることが多い。飲んで大騒ぎのまま散会というのはガサツなのだ。

そんなおっとりした石川県人だが、性的関係には意外に厳しい。金沢市内にはかつて四つの遊郭があり、いまでも東の廓《くるわ》、西の廓と呼ばれる土地があるにもかかわらず、地元の人にとっては出入りするのに相当の覚悟がいるようだ。

これは北陸地方に共通する浄土真宗の影響である。遊郭遊びがばれて親族会議の結果、勘当された男性もいるし、娘と一緒に外出した母親が、若い男と行き合うと慌てて娘を脇道に押し込むといった話も耳にする。そういう土地柄だから、性に対する考え方も相当に厳しい場合が少なくない。なおふたたび全国県民意識調査についてみると「夫婦の間以外の性的関係はどうしても許せない悪いことだと思いますか」の問に対する石川県民の肯定の答えは一九七八年には全国四三位で最低のほうにむしろ近かったのだが、九六年にはたちまち第七位に上がっている。つまり性に対するみかたは最近、特に厳しくなっているようなのである。

福井県人

福井県出身の有名人：三屋裕子、水上勉、荒川洋治、竹内均、吉田喜重、久里洋二、大和田獏、五木ひろし、橋本左内、高見順

とにかく女性がよく働く

福井県の西端の若狭の生まれである作家・水上勉はその著書『はなれ瞽女《ごぜ》おりん』（新潮社、一九七五）のなかで、自分が子供のときの冬と春には、瞽女が三人四人ずつ連れ立って、村を訪れ、一軒一軒門付けして廻り、三味線をひきながら、流暢な流し文句を低い声で歌って、なにがしかの包み金、あるいは茶碗一、二杯の米をもらっては隣の家へ移って行くという光景を描き、これこそ福井の女の原型ではないかと結んでいる。

たしかに「越前女」として知られるここの女性は福井の目玉商品であり、日本一の働き者だとも言われている。これは実際の統計にもはっきりあらわれていて、例えば一五歳以上の女性の何パーセントが働いているかという労働力人口比率も、女性の労働時間数も福井県は全国一となっている。

なお特筆すべきことは今日の主婦連を動かしているのも越前女であるという事実であって、初代会長の奥むめおをはじめとして、会員のなかで福井出身の女性が多く活躍している。彼女等の性格の特色は、ねばりと根気だというが、評論家の大宅壮一はその著『日本新おんな系図』（中央公論社、一九五九）のなかで次のように述べている。

「福井県の女性は、群馬県に似た平地型強女の性格をもっている。どっちも機業のさかんな土地だが、ちがうところは、群馬の女性は自ら機を織って金をかせぎ、それで生活の大きな部分を支えているから、発言権も強くなる。これに反して福井の女性は大中小の差はあるが、織機工場の経営者の妻として、工場長的な役割を果たしている。

彼女たちは朝早く起きて、工場を見まわったり、女工の監督をしたりすることにかけては非常に忠実であるが、原料の仕入れ、製品の売りこみなど、外的折衝や金銭取引はすべて夫の手でおこなわれている。したがって、彼女たちは忠実に働くだけで、経営の面でも、家庭的にも実権はない。景気のいいときには、亭主が二号、三号をつくり、そのあいだに子供が生れたりすることがあっても、女房の方で黙ってそのしまつをつけるというようなことになるのである。けっきょく、地主夫人のような立場におかれるわけで、群馬のようなカカア天下的現象は見られない」

この地で織機業が盛んになったのも、もとをただすと石高を半減された福井藩で、下級武士の妻や娘が生活をきりぬけるための内職としてツムギを織ったのが始まりだというから、ここにも越前女らしいところがあらわれている。

なお織維業界は流行に敏感でなければならない。しかも福井県の場合、県中央部にある鯖江《さばえ》市は眼鏡枠の世界的な生産地としても知られている。これまたファッション性の高い分野であり、アンテナをつねに中央に向けていなければならない。福井県はほかの北陸諸県同様、伝統的な道徳観を持つ県ではあるが、新しいものに対しては素早く対応していく柔軟さがあるといえるだろう。

お金をかけるときはドーンと

ふだんは貯蓄に励み、つつましく暮らす福井県人だが、お金をかけるときにはドーンとかける。

そのひとつが家の新築で、男は家を建ててこそ一人前という考え方が根強く行き渡っているから、学校を卒業して勤めに出たその日からもう新築費用を蓄え始める。

北陸各県はいずれも住宅環境には恵まれている。持ち家の比率、一戸あたりの面積の広さなどは、富山、石川、福井の三県が全国の上位を独占している。

なおこの県の坂井郡金津町吉崎は室町時代中期の浄土真宗の僧・蓮如が寺を建て、加賀（石川県）、越前、越中（富山）の三ヶ国の門徒が多数集ったところで、このあと、この浄土真宗はたちまちこの三ヶ国全体に栄えて、今日に至っている。こうした土地柄だけに仏壇や仏間といったスペースに大金を注ぎ込む。福井県はとくにその傾向が強く、建築費の五分の一、ときには五割もかけて大きな仏壇と仏間をつくる。建て売りメーカーも仏間つきの住宅を売り出しているほどである。

福井県は冠婚葬祭にも金をかける。北海道のところでも触れたように、全国の結納の地域差を放送大学の卒業論文のテーマにとりあげた一色《いっしき》和江によれば、全国で最も形式を重んずるのがこの福井なのである。婚礼の一週間前またはそれより少し前に行うが、三つに分けた金封を渡す。

そして嫁方からタンス、鏡台、その他の嫁入り道具を婿側へ運ぶ「荷運び（こしいれ）」を行うのだが、ガラス張りで、これらの家具が外からよく見えるようになっており、しかもオルゴールのついた、派手な色の特製トラックで運ぶのであり、行く途中で

「ガラス張りの特製トラック」

はずっとオルゴールを鳴らし続けて往来の人々が皆振り向いて見るようにつとめ、婿の家に近くなると、近所中に到着を知らせるなどたいへんな賑やかさで、嫁方の人々は全員が赤のハッピ姿で、婿方は全員黄色の手拭いをハッピにかける。なおこのトラックは絶対に後退してはならないという決まりになっており、荷運び中には他の車に出くわさないように、細心の注意をはらうのだが、もし出くわした時には相手の車に後退してもらうのである。

こう記してくると、福井の結納は他のどこにも見られない特別なものだということがわかるのだが、最近は金のあまりかからない指輪や腕時計の交換を行うだけの場合も出てきている。しかし、こうした節約型は一割くらいで、殆どは昔ながらの結納で、家意識の強い家ほど、形式ばるのだと言う。荷運びも一〇年前と比べて少しも変らず、賑やかに行われているようである。

中部地方の人柄診断

山梨県人

山梨県出身の有名人：金丸信、日向方斉、小林宏治、辻信太郎、中沢新一、林真理子、米長邦雄、中村紘子、堀内恒夫、中田英寿、根津甚八、三浦友和、武田信玄

企画力のあるアイデアマン

この県の以前の名称、甲斐の国（甲州）はもともと山峡《やまかい》の峡《かい》というところから起ったが、山と山のあいだという意味である。この地には山が連なり、この山々を天然の城として、戦国時代には武田三代が中部日本のほぼ全域を領地とする勢《いきおい》であった。その全盛期はいうまでもなく信玄の時代で、上杉謙信との対決「川中島の戦」は最も知られているが、信玄はまた内政の技にもすぐれていて、税制改革、製紙の奨励、鉱山の開発、治

水による土地開発など多くの功績を残した。しかしその息子・勝頼は織田・徳川の連合軍に敗れ、武田氏は消え去ったのである。

江戸時代に入ってから、この甲州は幕府の天領となったが、幕府は武田氏の遺風をことごとく絶滅させることになにより力を注ぎ、甲府に甲府勤番なる名前の役職が置かれてこれがすべてを統治したのである。

今でこそ甲府と言えばＪＲの中央線で東京から眼と鼻の先にあるところだが、江戸時代には山また山に囲まれた遠い僻地で、そのため身もちの悪い旗本などが、懲罰の意味でこの甲府勤番へ左遷されたのであり、これを甲府勝手と呼んでいた。そこで松本清張の『甲府在番』と題する短編小説のなかから引いてみると……

「ひとたび、甲府在番となると、……生きて江戸の土を見ずに果てた者が多いのだ。どのような旗本の暴れん坊でも、甲府勝手ときくと顔色変えてふるえたものである。……誰もが江戸を恋しがっていた。ここと江戸とは四十里にもたらぬが、間を隔てて打ち重なる山脈《やまなみ》は、そのまま絶海の荒波にたとえられよう。睨まれてここに落ちて来たが最後、脱出は不可能なのだ」

これによっても、当時の甲府、そして甲州のおかれていた状況がおわかりになると思うが、こうした貧しい山峡に閉じ込められ、幕府の強い圧政のもとで人々は信玄への崇拝の念をつのらせていたのであった。こうして重なり合う山々とひとりの英雄のイメージとが、甲州人気質、山梨の県民性を作りあげて行ったと考えられる。

さてその性格の特色だが、極めて鼻っぱしが強く、いいかえれば敢闘精神旺盛で、負けずぎらいで我慢強い。執念深いとも言えるが、カッとし易いところがある。人あたりもあまりよくなく、円満さには欠けるようだ。そのくせ、権威には従順で、役所への期待や信頼感は案外強いのだと言われる。

さてこの土地は、土地が狭くて資源が乏しいので、農閑期には野菜と布地その他なんでも持って行商に出るのが古くからの伝統だった。これが有名な甲州商人のおこりだが、かつて、甲州商人は天井のない蚊帳《かや》を言葉巧みに売り歩くといわれた。ことの真偽はともかく、利にさとい面はたしかにある。明治期にバスや地下鉄、電気、ガスといった西洋近代の事業を東京でおこしたのはすべて山梨県人であり、当時の財界に甲州財閥という一大勢力を築いたほどである。

狭い山国根性が社交性を育てなかったというマイナス面はあるが、アイデアや企画力に富んだ切れ者といっていいだろう。

義理人情をことのほか重んじる

文化人類学の立場から見て、甲州にしかない特色が「親分子分制」または「親方子方制」といわれるものである。「親分子分」とはまるでヤクザのようだが、じつは古くから甲州の山村だけにあった制度である。村内の男子が結婚前になると、自分の尊敬する、これはと思う年長者を自分の親分（親方）として決めるのである。

といっても仲人ではない。仲人は別の人に頼むのだが、なにか相談事や心配事があれば親分のところに行く。その代わり、「おまえ、このごろ仕事を怠けていないか」などとお説教もされるのである。

なぜこんな制度が山梨県だけにあるのかははっきりしないが、相互扶助の伝統的な人間関係はいまだに深いものがある。NHK放送文化研究所の全国県民意識調査のなかで「お宅では隣近所の人とのつきあいは多いですか」の問に対する肯定の答えは一九七八年においては全国一。九六年には三位であった。そして「地元の行事や祭りには積極的に参加したいと思いますか」の問に対しては七八、九六年とも三位だった。こうした結果なども先に示した親分子分関係を含む隣近所の親密な関係に基づいているように思われる。

これは、地域と非常に密着して暮らしているということだが、同時に義理人情に厚いことも意味する。親分子分制にしても近所づきあいにしても、義理人情は欠かせない。そういった点を考えあわせると、山梨県人はアイデアに富みながらも土着性の強い体質を保っているといえそうだ。

都会生活へのあこがれ

朝日新聞の「日曜ローカル・データの森」（九九年・十一月二十一日）によれば、ケーブルテレビが全国で最も普及しているのはこの山梨県で、県内で初めて大規模なケーブルテレビ局が認可されたのは七三年であったが、その後もどんどん開局が続き、現在は実に二四局にも達しているという。これはまさに日本最多なのだが、その理由として、山に囲まれ周囲との交流が少ないので、外部からの情報に極めて敏感な県民性を持っているからだと解釈されているようだ。団結心の強さも重要な軸なのかもしれない。

因みにさきの県民意識調査（一九七八年）のなかで、「流行おくれのものを着たとしても気にならないほうですか」の問に対して、肯定の答えの最低、言い換えれば「流行を気にする」のトップは奈良、次いで埼玉、そして三位がこの山梨だった。実はこのいずれもが大都市の周辺に位置しているのであり、そういう地域においては、身近であるだけに、都会生活へのあこがれが余計に強いからだと解釈される。山梨において外部から（殊に東京から）の情報に敏感なのには、同じ因子が働いているように思われてならないのである（なお「流行を最も気にしない」のは第一位が福島、二位が山形、三位が秋田なのだが、いずれも東北地方に所属し、互いに隣接し合っている県であることに注意して頂きたい）。

長野県人

長野県出身の有名人‥羽田孜、竹入義勝、伊藤淳二、五島慶太、猪瀬直樹、丸山健二、井出孫六、熊井啓、阿木燿子、秋本奈緒美、小林一茶、島崎藤村、雷電為右衛門

努力家で責任感が強い

長野の県民性について語る場合、まず地域差を挙げておく必要がある。長野県を大別すれば「北信」と「南信」の二つになるが、もう少し細かくいえば「北信」(長野市周辺)、「東信」(上田、佐久市周辺)、「中信」(松本、大町市周辺)、「南信」(諏訪、岡谷《おかや》、飯田市周辺)の四地域になり、さらにこれが分かれて八つとも九つともいわれる地域に分断される。そして、ある長野県人は次のように述べている。

「北信はおおむね〝おらが村〟の意識が強く、慣習に流されがちで現状維持型が多い。南信、とくに諏訪はプラグマチックな面が強く、都会志向型である。いわゆる〝信州人〟は北信の〝純朴さ〟と南信の〝器用さ〟〝機転〟を一体化したものだろう」

長野県は盆地ごとに性格が違うという意見もあるくらいで、その県民性はひとことではいい尽くせない。しかし、それぞれの地域の性格に共通するいくつかのイメージがあり、それが勤勉さや責任感の強さとなるようだ。

ただ、理屈っぽさというのも明らかに存在する。それが見方によっては堅物のイメージになったり、協調性のなさにつながるといえそうだ。

「教育県長野」の実像

江戸時代末期の長野には寺子屋が一三四一もあり、これは全国の一三パーセントといわれている。人口との比率で考えると異常な密度だ。明治九年に小学校が始まったときも、長野の就学率は六三・二パーセントで文句なしに日本一だった。

その後、就学率は一時ダウンして県民のあいだに危機感が高まると、たちまち九〇パーセント以上に復帰する（明治三十三年）。長野県の場合はまず、教師をはじめとした教育者の熱心さが挙げられるだろう。

当時、「信濃の提灯《ちょうちん》学校」という言葉ができたが、これは教師が遅くまで学校に残ってあれこれ議論し合ったところから生まれている。帰るころには真っ暗になっているからめいめい提灯をかかげて家に帰らねばならなかったからだ。

しかし、プロローグでも触れたように、現在の長野県に教育県のイメージはない。少なくとも、かつての就学率のようにはっきりとした数字となってあらわれるものは何もない。たとえば、「あなたは長野県を教育県だと思いますか」というアンケートが長野県民に対して行なわれたことがあるが、イエスと答えた人は高齢者ほど多く、二〇代、三〇代ではそれぞれ二〇パーセント、三〇パーセントという数字になっていた。

それでも、さすが長野県と思わせる事実もある。小学校の場合、女子教員の比率がいちばん高いのは沖縄県だが、長野は四五位になる。中学では四七位、つまり全国最低で、高校でも四六位だ。北海道も女子教員の比率が低いが、これは僻地《へきち》が多いことと関係している。では、長野に女子教員が少ないのはなぜかと言えば、教員が男子の理想の職業としていまだに長野県民のなかに描かれているからだという。女性の入り込む余地がないのである。教育県かどうかは別としても、長野県民の理想主義的な性格はいまだに健在だといっていいだろう。

「おれが大将」の信州人

「薩摩の大提灯、信濃の腰提灯」という言葉がある。鹿児島の人間は先頭に立つ者が大きな提灯を持つ。つまり、先輩のあとに後輩がゾロゾロついていくということなのだが、それに対して信州人は、めいめいが腰に提灯をつけてバラバラに勝手な方向へ歩いていくという意味なのである。

長野県人にはたしかにそういう性格がある。よくいえば自主独立型だが、散り散りバラバラで自分のことしか考えない。その代わり、安易に他人を頼ることもない。上京しても、信州人同士がベタベタくっついたり、先輩を中心にして社内の派閥をつくったり、転職先を紹介してもらったりということはないのである。

それから考え方がきわめて現実的なところがある。たとえばNHK放送文化研究所の全国県民意識調査のなかの、「死後の世界などあるはずがない」という意見に賛成する県民の比率は一九七八年には全国最高になっている。

こういう信州人だから、組織に入っても独立独歩は変わらない。多数意見に対してつねに少数意見の立場を取るし、全体の情勢がなんとなく安易な妥協に向かうときは、あくまで自分の意見に固執する。

県内には地域差があるから、一概にはいえないのだが、とくに諏訪や松本出身者に上記のような傾向が見られるといわれる。これに対して北信の長野市周辺は、世の中の動きに従順で素朴な一面を持っているという。

ところで、長野県人について語る場合、もうひとつ忘れてならないのが県民歌、「信濃の国」である。多くの県にはそれぞれの県歌というものがあるが、実際に歌われる機会は少ないし、歌える住民もほとんどいないようだ。しかし、長野県だけは例外で、信州人ならまず全員が「信濃の国」を歌えるし、信州人が集まれば、すぐ大声はり上げて合唱するというのもここだけの特徴だ。

たしかにこの歌は、〝合衆国信州〟の一体感を生むためにも欠かせない歌で、日ごろは地域ごとの対立意識が強い県民も、この「信濃の国」を歌うときだけは、信州はひとつという気持ちになるらしい。

長野県人の作家・内田康夫はその小説『「信濃の国」殺人事件』（徳間文庫、一九九〇）のなかでつぎのように書いている。第二次大戦直後の昭和二十三年、長野県では分県運動の嵐が吹き荒れた。この分県運動というのは、明治九年に、それまでの筑摩県と長野県とが合併して、現在の長野県が出来て以来、折にふれて持上がる病根のようなものであったらしい。……両県が合併し県都が北信の長野市に定まって以来、中・南信――特に松本市の不満は絶えることがなかった。松本市はシンボルの松本城によって代表されるように、歴史、文化、そして産業の面でも中核都市にふさわしいし、長野県の中央にあるではないか、と明治以来くすぶり続けた不満が一気に噴き出し、県議会の議場には怒号が飛び交い、傍聴席は超満員。議員のなかでは分県賛成派がやや多く、分県という決が出るのは誰の目にも明らかだったのだが、その時、議場の外から「信濃の国」の大合唱が聞こえて来たのだった。「……歌声はたちまち傍聴席に感染し、係員の制止にもかかわらず、全員が立ち上がり、合唱に和した。それればかりではない、やがて議員の口も動きだし、中には興奮のあまり、なみだを流して歌うものも少なくなかった。……」

もし分県が成立すれば、「信濃の国は十州に境連ぬる国にして……」と言う部分を特に強調しているこの歌も、歌えなくなってしまうではないかという感慨が大きく働いて、長野県の分県運動は勢いを削がれ、やがてなし崩しに消えてしまったというのだが、長野以外には起りそうもない出来事のように思われる。なお内田の小説のなかでは、この分県運動の挫折が出発点となって、「信濃の国」の歌のなかに地名のあがっている県内の各地で、連続殺人事件が起っているのだった。

岐阜県人

岐阜県出身の有名人：小島信夫、篠田正浩、福地泡介、田中邦衛、松原智恵子、野口五郎、中条きよし、岡田奈々、高橋尚子

合掌造りと大家族制

岐阜の風土を表わすのに、「飛山濃水《ひざんのうすい》」ということばがある。山また山の続く飛騨地方と、木曽、長良、揖斐といった三つの川が流れる低地の美濃地方とから成り立っているということを示しているわけなのだが、飛騨の国が山に囲まれて開発が最も遅れた僻地であったのに対して、美濃の国は東西交通の要路として早くから開けていた。そして江戸時代には、飛騨は幕府直轄の天領であったのに対して、美濃は小藩分立であった。

こうした状況であったから、飛驒と美濃とではいろいろな意味で大きな相違が存在してきたのである。

まず飛驒の特色を最もよく示しているのは、大野郡白川村にかつて存在していた大家族制である。明治時代のなかば過ぎまで、この村の中切地区では長男だけは結婚後、妻といっしょに住むことができたのだが、次男以下は妻問婚の形しかとることを許されなかった。つまり夜だけ妻の家を訪ね、朝になると生家へもどってくる。そして昼間は生家で働くのだ。また子どもは妻側で育てる。こうした慣習が発生したのは、一九世紀はじめ頃と考えられているが、このために、ひとつ屋根の下に四〇人、五〇人という多数の家族員がいっしょに生活するようになり、大家族制と呼ばれるようになったのである。そしてこの大家族を収容するのが「合掌造り」と呼ばれる巨大な家であり、大きなカヤ葺きの屋根が、ちょうど掌をあわせて合掌しているように見えるのでこの名がついたのだが、家族は全員が一階に住み、二、三階は養蚕と物置に使われていた。

このあたりは土地が極めて少なく、そのために分家ができず、また重要な生業であった焼畑耕作を、あちこちの畑で同時に行うためには、多人数の共同作業を必要としたことなどが、この特異な慣習の起源だと文化人類学者の別府春海は指摘している。

しかし明治もなかばを過ぎると、外部への交通も次第に容易となり、また重工業の発達の結果、二、三男の労働力を吸収する工場がどんどん増えたため、二、三男は次々にこの村を離れるようになり、明治の末近くには、この制度も完全に崩壊してしまった。現在は合掌造りの家々だけが文化財として残り、その大きな建物のなかには数名だけの家族が暮している。遠い都会からの観光バスの列はいつでもあとを絶たないようで、また何年かおきに村人が総出で参加する屋根の葺きかえの模様は、テレビで全国に放映されている。

右にのべたような大家族制がかつて存在していたと言うことは、この飛騨地方の著しい貧しさの上に立った孤立性と後進性、そして本分家集団の強さを示すと考えてよいだろう。こうして作られた住民の性格は、素朴で純粋だが、閉鎖的な面もあわせ持つようになったと考えられる。著しい勤勉さも忘れてならない大きな特徴である。

なおこの飛騨とすぐお隣の長野県との境のところにある野麦峠は映画の「あゝ野麦峠」ですっかり知られるようになったが、日清、日露戦争の頃、この飛騨地方の貧しい農家の若い娘たちは、数十名がいっしょになってこの峠を通り、長野県の諏訪湖のほとりの岡谷市の製糸工場に向かったのであった。当時は文字通りの「女工哀史」の時代で、早朝から夜十時まで働きづめ。飛騨の貧しさの上に立った若い女性たちの勤勉さが当時の日本の製糸業を支え、更にそれが日清、日露戦争時代の日本の経済を支えたのであった（山本茂実『あゝ野麦峠―ある製糸工女哀史』朝日新聞社、一九六八）。

東西両日本の接点

こうした飛騨に対して美濃の国は、何度も天下分け目の戦いの場所となった。古くから「美濃を制する者が天下を制する」と言われたくらいだが、戦のあとには為政者が変ることが多かった。江戸時代になっても幕府はこの場所が東西両日本の接点であるため、ここに力の強い大名が出ないようにと、多くの大名や旗本に分割統治させた。そのために領民の間では隣の村が味方なのか敵なのかわからない時期もあり、人々は為政者に多くを期待せず、互いに一致団結して身を守って来たのだった。

こうした歴史が、他国者には気を許さない美濃人の性格をつくり上げている。一見、つきあい上手のようだが、なかなか腹を割っては話さないタイプなのだ。

濃尾平野はまた、輪中で知られる洪水地帯でもあった。同じ輪中内の人々は生き残るために団結するが、ほかの輪中には構っていられない。これが「輪中根性」といって自分本位な性格を生んだともいわれている。

金銭にシビア、商売上手

美濃の人は締まり屋といわれる。隣合う名古屋は、昔から「難波の銀と江戸の金の差額」で利益を上げて食っているといわれたが、美濃はその名古屋相手に商売してきた国である。なまじの金銭感覚では成功できないからだ。

ただし人あたりはいい。政治的にも経済的にも、目まぐるしく変わる支配者のもとでは器用に立ち回るしかなかった。

そんな美濃人だから、商売上手なのはたしかで、柔和な表情からは想像もつかない策略や奇策が飛び出したりする。

しかし、自主性にはやや欠けるところがあるといわれる。つねにバランスを考え、周囲の動きを見極める判断力はあるが、こうと決めたらとことんやりぬくといった一徹さや、先頭に立って集団をリードしていくような力強さがない。どちらかといえば、要領のいいタイプということになるのだろうか?

静岡県人

静岡県出身の有名人：大賀典雄、河合滋、竹内宏、星野一義、大岡信、小川国夫、森瑶子、秋竜山、大竹省二、加藤剛、柴田恭兵、秋吉久美子、岸本加世子、浅茅陽子、研ナオコ、山田長政、清水次郎長、本田宗一郎

のんびり屋の常識人

「みかんの花咲く丘」静岡は暮らしやすい県である。太平洋に面して適度な気温と降水量に恵まれ、大雪や台風にはめったに襲われたことがない。

地理的に見ても、東京、名古屋、大阪の主要都市を結ぶ中間にあり、新幹線や高速道路などの交通網が発達して連絡がいい。それでいて、大都市からは離れているので緊迫

感はあまりない。

産業的に見ても、昔から恵まれた風土を生かして農業が盛んに行なわれていた。弥生時代の登呂遺跡もここにある。漁業も盛んだし、豊富な森林資源を利用した製紙工場が沿岸に並んでいる。

そういう条件下に暮らす静岡県民は、他県に比べると人はいいのだが、あまり忍耐強いとはいえないようだ。

静岡県人には、よそからの文化をはねのけないで、素直に受け入れるところがある。考え方も常識的だし、のんびりしているのだが、そのぶん、意志が弱いようだ。苦手なものには手を出さないし、苦しいことはできるだけ避けようとする。そういう意味では、まじめだがやや根性に欠けるといえそうである。

発明家タイプのアイデア人間

東西の中間にあって、新しいものがどんどん入ってくる地域のせいか、静岡県人は順応性がきわめて高い。明朗で開放的な性格だから、好奇心も強い。そういうモダンなところが、浜松を中心に国際的なオートバイ・メーカーや楽器メーカーを生むことにもつながったようだ。

静岡県民には新しいものに積極的な興味を示す性格がある。発明・発見や、改良工夫の分野に人材が多く輩出しているのもそのせいだろう。したがって、企業においてもアンテナの感度のよさで同僚に抜きんでることが多い。

たとえば業界の最新技術や情報には敏感で、しかもその情報をあっけらかんと教えてくれるおおらかさがある。

但しひとつのことに執着するという性格はあまり強くない。わりあい淡白なところがあって、仕入れた情報をもとに綿密な調査をしたり、それをじっくり事業に結びつけるのはうまくない。

真ん中、中庸、平均、無難

連載特集「『隣り』の研究」で静岡県をとりあげた毎日新聞（一九九四・五・二）の見出しには「静岡県は〝平均〟が好き」と大きく記されていた。これに続いての説明には「穏やかな気候に恵まれた静岡県は、何ごとにつけても突出することがなく、中位なのだそうだ。地理的条件も経済活動も、そして、人柄も……。『平均県』の素顔を探ろう」とあるが、この文章など、静岡の風土と人の特徴を極めて簡潔によくまとめていると言ってよさそうだ。

この特集のなかから、大体そのままの形で引用させて頂くと、

［証言1］「新年度予算を組む会議で新規事業を始めようとすると、全国で何番目になるのか、という議論が必ず出る」と静岡県庁のある課長補佐。「他県で予算がついていなかったら、まず予算は組まれない。何でも一番最初は敬遠される」と話す。

［証言2］静岡市内では女性服の品ぞろえが豊富といわれる。あるデパートの販売促進部によると「売れる服の色はグレー、ベージュなどの中間色。派手な色は少しも売れない」と言う。

［証言3］東京都多摩市の農業者大学校。全国から、知事推薦を受けた学生が集まる。教務課によると、幅を利かせているのは東北や九州の学生。九州弁がはやったりもする。「静岡の学生は整列させると、いつも真ん中に来るが、大多数はごく普通の学生で、目立つことはしない」とも。

　そして最後に静岡の人々の暮らしぶりからは、真ん中、中庸、平均、無難——といった言葉が浮んでくると結んでいる。

　なおこの記事のなかで指摘されているところでは、なぜか各種の統計数字も日本のなかで中位であることを示すものが多く、一人当たりの県民所得は四七都道府県のなかでも全国平均値に最も近いと言う。

こうした平均的という特性を活かして、JT（日本たばこ産業）では、新発売するたばこの需要の見込みを調べるのに、静岡県でテスト販売する場合がしばしばあると言うが、他の商品の場合も同様で、テストマーケティング業界にとって、静岡県はまことに貴重な存在であるらしい。

なお新潟県のところで触れたように、新潟県の糸魚川市からはこの静岡県の富士川までフォッサ・マグナと呼ばれる大きな地溝帯が通っており、方言や文化は、ここを境界として東と西に分けられる。例えば静岡では富士川を境にして東側では「起きろ」と言うのに対して、西側では「起きよ」と言う。

なおNHK放送文化研究所の全国県民意識調査においては、この県を富士川から東の東部（伊豆）、静岡市を中心とした中部（駿河）、浜松市寄りの西部（遠江《とおとうみ》）の三地域に区分してそれぞれいくつかの選択肢のなかから人々の特徴を聞いてみたところ、三地域とも「のんびり」をあげた人が最も多く、地域差は認められなかったと言う。

愛知県人

愛知県出身の有名人：海部俊樹、塚本三郎、盛田昭夫、平岩外四、豊田英二、近藤貞雄、金田正一、槙原寛己、イチロー、伊藤みどり、中嶋悟、利根川進、城山三郎、杉浦明平、北川透、黒川紀章、平田満、中野良子、竹下景子、かとうかずこ、織田信長、豊臣秀吉、徳川家康

偉大なる田舎、名古屋をどうとらえるか

愛知県と名古屋市は別なのか、同じなのか、まずそこをはっきりさせてみたい。つまり、名古屋の市民性イコール愛知県の県民性なのかどうかである。

愛知県は大きく三河と尾張に分けられる。県東部、岡崎や豊橋を中心とする三河は、

徳川家康が本拠とし、やがて江戸幕府によって三河人が天下を取ることになった地域である。そこで、三河人の性格は江戸幕府の政治体質そのものであるという説を作家の司馬遼太郎は唱えている。

「三河衆はなるほど諸国には類のないほどに統一がとれていたが、それだけに閉鎖的であり、外来の風《かぜ》を警戒し、そういう外からのにおいをもつ者に対しては矮小《わいしょう》な想像力をはたらかせて裏切者――というよりは魔物――といったふうな農民社会そのものの印象をもった。この集団（徳川家康の集団）が、のちにさまざまな風の吹きまわしで天下の権をにぎったとき、日本国そのものを三河的世界として観じ、外国との接触をおそれ、唐《から》物《もの》を警戒し、切支丹《きりしたん》を魔物と見、世界史的な大航海時代のなかにあって、外来文化のすべてを拒否するという怪奇としか言いようのない政治方針を打ちだしたのは、基底としてそういう心理構造が存在し、それによるものであった」（『覇王の家』より）

この指摘はたいへんいいところをついていて、なるほどと思わせるものがあるが、同じ小説のなかで、司馬は尾張についてこう書いている。

「尾張には商業という、人間の意識を変えたふしぎな機能が、地をおおって波立っている。一文の原価《もとね》のものがときに百文にもなるという魔術的な可能性をもった世界にいる人間にとっては運命に対する忍従心などは商業上の敗者の考えであり、そのかわりに自分の能力を信じ、その能力しだいでどういう奇跡をも生みうるという信仰を、濃淡の差こそあれ、尾張衆ならだれでも持っている。信長や秀吉はその代表的性格にすぎないであろう。自然、尾張衆は自己に対する信奉心が強く、もし尾張衆が、三河岡崎の松平家の郎党のような目に遭えば、ほとんどが近国に散って諸大名に自分をしかるべき知行《ちぎょう》で売りつけて個々に新運をひらこうとするにちがいない。――『三河馬鹿』と、尾張衆は三河の農民をあざける」

三河人の農民的な性格と家康を結びつけ、尾張人の商業的な性格と信長、秀吉を結んで対比させたものだが、それぞれの特徴をきわめてうまくいいあらわしている。

このように考えた場合、名古屋人の閉鎖的で、「偉大なる田舎者」と呼ばれる体質が、三河衆の農民的な性格と尾張衆の商人的性格の混じり合ったものであるように感じられてくる。こう考えてくると名古屋は、よくも悪くも愛知県そのものということになってくるようだ。

むだ遣いは絶対しない名古屋人

「京の着倒れ、大阪の食い倒れ」に対して、「名古屋の貯め倒れ」という。名古屋人は倹約家で質素で計算高い。どこへ出掛けるにも財布と相談して、むだ遣いは絶対にしない。

いい例が名古屋駅で、駅前のレストランは八時にほとんどが店を閉める。大きな駅なのに人通りも絶え、真っ暗になってしまう。その代わり屋台のラーメン屋が立ち並び、結構、客が入る。倹約家の名古屋人が相手では、レストランは早じまいするしかないのである。

作家の田辺聖子の『言うたらなんやけど』という随筆集のなかに、こんな描写がある。

「旅館の番頭さんがうまいことをいった。東京のお客さんは、予算を前以てきめといても、興に乗って面白うなればなんぼでも足を出して後で泣いたはります。大阪のお客さんは予算から足が出てもその分、はじめに見込んで遊んだはりますから、気持ちよう払うて帰りはります。京都のお客さんは、少ない予算でその範囲で、じっくり楽しんで帰りはります。名古屋のお客さんは、予算から足出た分、値切り倒しはります」

そこで節約した金を、名古屋人はせっせと貯金する。貯蓄率は全国でもトップクラスになる。そのせいか、愛知県は銀行が非常に多い。人口あたりの比率は全国いちばんになるし、愛知県出身者は銀行員としてじつに有能だともいう。

ただし、貯金の方法がいかにも名古屋的で、ひとつの銀行にまとめて預けることはせず、いくつもに分散させる。しかも銀行より利息のいい郵便貯金が多い。もうひとつ、東京などと比べて目立つのは「タンス貯金」の多さで、とにかく名古屋人は熱心に金を貯めるようだ。これだけ手堅いから、銀行も安心して資金の融資ができるのだが、困ったことに借りてくれる人が少ないのだという。

この名古屋人の堅実さを示すエピソードがある。かつて、グアム島の密林で発見されて一躍、有名になった横井庄一の話だ。名古屋近辺出身の彼は、発見されたときちゃんと実印を持っていた。そして、自分が実印を持っている以上、自分の土地は絶対に売られていないはずだと語ったそうだが、これを聞いた名古屋人は、なるほどたしかに堅実で、いかにも名古屋的だと誉め称えたという。

このように金銭には極めてシビアな愛知県人なのに、結婚費用には多くの金をかける。家の格を重視して、体面のためなら思いきり見栄を張る。日頃は倹約して貯蓄に励み、冠婚葬祭ではパッと派手に金を使うのである。

なお結納にあたっては、嫁方から婿側へタンス、鏡台その他の嫁入り道具をトラックで運ぶ「荷運び」が最も大事な行事である点は、前に述べた福井の場合と同じで、福井のようにガラス窓つきのトラックを使っている所も名古屋にはあるらしく、運送に使う紐には必ず紅白の布を巻くのが決まりで、この風は昔も今もあまり変らない。

流行に対しては保守的で消極的

名古屋のある大学で講義をしたとき、名古屋人についてのレポートを書かせてみたことがある。この大学は地元出身の学生が多いから、いわば自己診断ということになる。その結果、いちばん多かった意見は「保守的で新しいものを取り入れるのにきわめて慎重」というものだった。新しいファッションにしても、その流行はまず東京から大阪に向かい、ついでに九州に行ってその帰りに名古屋に寄る。だから、数か月遅れのものとなる。名古屋で流行《はや》り出したころには、もう東京や大阪では別のファッションが主流となっているのである。これは女子学生が全員、認めていた。

ほかにも「オーケストラが素通りして関西に行ってしまう」とか、「名古屋の人々は博物館、美術館に興味を持たない」というレポートもあった。

その代わり、名古屋は芸事が非常に盛んな土地柄である。金沢と似て、伝統芸能を積極的に取り入れている。ある女子学生はこう書いていた。

「友人のなかにもお稽古事でたいへんな人が多いようです。といってもピアノやバイオリンなどではなく、お茶、お花、日本舞踊などの日本的なものが盛んなようです」

少し古いが、トヨタ自動車工業ＫＫの社内の研究会が、一九七八年に発行した『トヨタ・マネージメント』という雑誌の二一巻七号（特集・三河の国土）によると、当時の東京でなんらかのお稽古事に通う小学生は高学年で六八パーセント、低学年で七一パーセントに及んでいるが、愛知県はさらに多くてそれぞれ七七パーセント、八〇パーセントにも達していた。全国平均がそれぞれ六五パーセント、六一パーセントだから相当な比率だということになる。

これだけ熱心ならば目も肥《こ》えてくる。落語家にいわせると、名古屋の客は非常に恐いというが、こうなった原因をさかのぼると、尾張藩初代の徳川義直や七代目の徳川宗春の名前が出てくる。彼らが領民に芸事を強く奨励した結果が、現在のお稽古熱に結びついているといっていいだろう。

閉鎖性が名古屋のネックになっている

先にも触れたことだが、名古屋人の性格でよくいわれるのは「閉鎖的」ということだ。プロローグでも説明した通り、新聞は中日、車はトヨタ、野球はドラゴンズ、銀行は東海、お歳暮は松坂屋となる。

この閉鎖性は排他性にもつながり、それが名古屋をして住みにくい街といわせることになる。では、名古屋市民は自分たちの街をどう思っているのか。同じくアンケートを取ってみると、八九パーセントもの人が「名古屋に住み続けたい」と答えている。ほかの街からは嫌われるが、名古屋人にとっては天国のようだ。

作曲家の神津善行によると、題名に〝名古屋〟とつく歌謡曲は絶対にヒットしないそうだ。〝長崎〟はヒットする。〝東京〟や〝大阪〟もよく歌にされるし、ヒットも出る。しかし名古屋だけはまったくダメで、そもそも歌われることがないのだそうである。いかに人気がないかがわかるが、ロマンがないからだと解釈されている。

名古屋人の閉鎖性については、作家の清水義範（名古屋出身）が『蕎麦ときしめん』（講談社、一九八六）という作品集のなかでこう書いている。

「名古屋人は同じ日本人であっても他の地方の人とは決してなじもうとせず、自分たちだけで社会を作り、優越感と劣等感の両方を他の地方の人に対して持っている。それはちょうど世界に対して日本人が持つ感情と相似形のものなのだ。日本における名古屋の位置、それは、世界における日本の位置とまったく同質のものである。名古屋人にとって東京とは、日本人が漠然とアメリカを思うのに非常に近い。大阪はソ連である。千葉はメキシコで、埼玉はカナダである。名古屋人はそのように考えて生活しているのである」

これはまあ、名古屋の人には笑って許していただくしかないのだが、似たような話を私も聞いたことがある。名古屋の人が東京に出張すると、帰ってからかならず、ほかの人に東京のどこが変わっていたか「帰朝報告」する。大阪や京都の人はこうしたことは絶対にしない。「東京はこうだった」なんてプライドにかけてもいわない。名古屋にとって、東京はやはり「異国的」なのかもしれない。

わが道を行く愛知県人

名古屋を中心にかなり詳しく愛知の県民性を考えてきたので、ほぼその輪郭がわかっていただけたと思う。

愛知県民はひとことでいえば、ケチで排他的だということになるが、見方を変えれば合理的で堅実そのものといえるだろう。

その体質は不況や難局にきわめて強いし、どんな事態になっても浮ついたり、慌てたりすることがない。自分の価値観に忠実で、周囲の動きに惑わされることなく着実に仕事をこなしていく。

ただ、残念ながら世界が狭い。人間的な魅力に欠けるところがある。極端を好まないから地味な印象になるし、部下から見ると愛知県人の上司は権威をカサにきるタイプになりやすい。

逆に部下となった場合は、コツコツまじめに働いてくれるものの、積極性が足りないから頼りない印象を持つだろう。与えられた仕事には忠実なのだが、自主性がやや不足している。むしろ、上司が大きな目標を与えてやったほうが伸びるタイプといえそうである。

近畿地方の人柄診断

三重県人

三重県出身の有名人：藤波孝生、田村元、瀬古利彦、丹羽文雄、小島剛夕、植木等、楠田枝里子、和田勉、市川崑、松尾芭蕉、本居宣長、江戸川乱歩

世の中を手をかざして見る

気候が温和で風光明媚《ふうこうめいび》な三重県は、その風土に合わせて県民性も穏やかで、おっとりしている。

三重は東京と大阪の中間にあり、しかも京都、名古屋に隣接している。古くから、東西の文化がごちゃまぜになって入り込んでいるという印象が強い。

しかも伊勢神宮の参拝客が全国から集まるので、他国人との接触も多く、情報にも恵

まれていたから、世の中を手をかざして見るようなのんきな性格ができたとする説もある。

三重県でも伊勢と伊賀、志摩半島では多少、性格が違うが、全体としてはコセコセせず、人あたりもよくて明るい県民性だ。

ただし、緊張感がないという指摘もある。覇気がない、何が起きても深刻ではないといった調子だ。とくに男性の場合、健全な凡人といった表現が当てはまりそうだ。

柔らかい人間関係

なお三重の県民性を示すものとしてよく言われるのが「近江は盗賊、伊勢は物乞い」という意味のことばである。その解釈にもいろいろあるようだが、「ギリギリに窮乏したときには、近江（滋賀県）の人は積極的だから盗賊でもやってのける。伊勢（三重県）の人にはそんな積極性はないし、おとなしいから物乞いをする」という意味にとるのが正しいのだろう。

三重と言えば、三井家に代表される伊勢商人が思い浮かぶ。伊勢は大神宮の所在地として諸国から大勢の人々が集まり、しかも古代から中世にかけては全国一の水銀の産地であったために、早くから貨幣の流通がさかんだった。こんなところから商業が発達したわけだが、特に天正年間（一六世紀末）には近江からいわゆる近江商人が移ってきて、その商法が伝わり、ここに伊勢商人というグループが新たに生まれたのだった。江戸時代になるとこれらの商人は続々と江戸に出て、伊勢屋の屋号をつけた店を持ったので、当時の江戸では「近ごろ江戸で目だつもの、伊勢屋、稲荷に、犬のくそ」などと言われるようになった。この伝統は現在でも続いているようで、東京の酒屋などでは伊勢の屋号をつけた店が最も多いのだ。

しかし、伊勢屋のほとんどが質屋であったように、伊勢の商売は地味なものが多い。三重県のなかでも、お伊勢さんの功徳《くどく》を得るには正直者でなくてはならないとする考えが強く、ウソをつくものは徹底的に嫌われている。

したがって、商売人もやたらと吹っ掛けるようなやり方はしない。強欲さはないが、親身になって世話をするうちに自然に客の信頼を集めるというのが、伊勢流の商法だということになる。

しかし、温和ではあっても主張すべきことは主張するという筋だけは通した。他国者との交流が多かったので、人間関係には柔軟なものがあり、それが伊勢商人の成功につながったようである。

三重県人の穏やかさを示すものとして、暴力嫌いの性分がある。刑法犯の発生率などでも全国最低に類する。そもそもが恵まれた風土だから、力ずくでも人を押し退けようとする必要がなかったからだろう。

海女、忍び

文化人類学のほうから見た三重県の特色と言えば、海女の存在である。前に千葉県のところで触れたように、日本で海女の活躍しているところは千葉と静岡県の伊豆とそしてここの志摩半島である。このあたりの産業と言えばまず真珠とアワビだが、これらをとるのはもっぱら海女であり、家族のなかにおける彼女たちの地位、発言権などは伝統的に強かった。

また歴史学者の網野善彦によれば、鎌倉時代、この志摩半島には「海夫」とよばれる漁民の集団がいて、網を曳くほかに、船をあやつって年貢や商品の海上輸送にたずさわり、広い範囲にわたって大活躍をしていたと言う（『蒙古襲来（上巻）』小学館、一九九二）。なお上野市を中心とした伊賀盆地では一七世紀頃、伊賀流忍術なるものがすでに生まれていた。なおこの伊賀盆地から北へ向かって信楽高原を越えれば、そこは甲賀の国（現在は滋賀県に属する）であって、ここには甲賀流忍術が生まれていたのである。伊賀と甲賀が忍びの里として重宝されたのは、京都に近く、東国を含め、どこへ行くにも道が通じていたからであり、さらに他国者の侵入を許さず、術の訓練にも適した地勢を持っていたからであったと考えられる。

こうしてみると、この地域には、海夫、忍びの者等のいわば特異な集団が、かつて活躍していたことがわかるのであり、現在の三重県人の温和で穏やかな性格とはいささか異なった気質の存在していたらしいことも推察されるのだ。

なおこの三重県は通常は東海地方に分類されているのだが、住民自身は果たしてこの県が東海地方に属すると意識しているのだろうか、それとも近畿地方に属すると意識しているのだろうか？　ＮＨＫ放送文化研究所が一九九六年に行なった全国県民意識調査においては、三重県の場合だけこのことについて質問している。その結果は「東海地方」という答えが七二パーセント、「近畿地方」が二三パーセント。県庁所在地のある中勢に限った場合は「東海地方」六七パーセント、「近畿地方」三三パーセントであった。しかし奈良・大阪地方に近い伊賀地方では「近畿地方」という答えの方が多く、五五パーセントに達している。

地区ごとに役員を選挙する決まりになっている全国組織の学会その他の会において、三重県の会員を東海地区に入れるか、近畿地区に入れるかはしばしば問題になるのであって、東海地区に入れると不満を訴える会員が出てくる場合が少なくないようだ。このように三重県人のアイデンティティは全国でも最もデリケートなので、特に問題にされるのである。

滋賀県人

滋賀県出身の有名人：宇野宗佑、塚本幸一、川瀬源太郎、西崎幸広、武豊、田原総一朗、吉村公三郎、岡林信康、烏丸せつこ、最澄、石田三成、中江藤樹、井伊直弼

大阪商人の正体は近江《おうみ》商人

大阪商人と呼ばれる人たちの中核は、じつは近江（滋賀県）の出身だとされている。それほどに、近江商人はバイタリティーに富んで全国で活躍した。

近江は琵琶湖に臨んでいるために、古くから農産物はきわめて豊かだった。しかも交通の便がいい。水路と陸路の両方から、東西に、そして南北に通じる交通の要路だった。そのため、市がたくさん立ち、商業が盛んとなったのである。

鎌倉・室町時代になると、近江の商人たちは京都をはじめとして全国各地に行商に出かけるようになった。やがて江戸時代になると、物資の集散地であった大坂への進出が始まる。そして、要所、要所に出店を開いて、そこを前線基地として出動していった。

こうして近江商人の店は全国に展開したが、とくに重要となったのが京都、大坂、江戸の三大都市だった。三条通り（京都）、船場（大坂）、日本橋通り（江戸）に軒並み大きな店をつくり上げていく。

そういった歴史的・経済的な背景はともかくとして、なぜ、近江商人がこれだけの成功を収めたのか、その県民性について考えてみよう。

ソフトな外見がくせもの？

近江商人の最大のモットーは「正直、堅実」である。人によってはこれに「倹約、勤勉」、あるいは「信用、商品吟味」をつけ加える。商品吟味とはつまり、よい品物を選んで売るということだ。

こう書くとまさに理想の商人像といえるのだが、成功者に対する嫉妬も含めて、近江商人、ひいては滋賀県人への批判も目立っている。いわく、「あたりは柔らかいが、じつはそのソフトな外見がくせもの」とか、「慎重にして冷静、見方によってはいつまでも打ち解けず、他人行儀。しかも、内に計算高さを秘めている」といった具合だ。

ところが、そういった性格はNHK放送文化研究所の全国県民意識調査を見ても表面にはあらわれてこない。たとえば、「生活の心配がないとしても働きたいと思いますか」という問にイエスと答えた比率は一九七八年の場合、全国で一一番目。「ふだんの生活はできるだけ切りつめて、お金や財産を残したいと思いますか」という問に対しては、イエスが全国で一五番目。

この結果だけを見ると、近江商人のモットーとする「堅実」や「勤勉、倹約」といったものがとくに表立ってはいないことになる。しかし、これは京都のベッドタウンとなった大津市をはじめ、滋賀県全県のアンケートだからである。近江商人を数多く生んだ地域、というより、伝統的な滋賀県民の多い地域にかぎると、数字ははっきりとした特徴を示す。

たとえば彦根市を例にとった場合、前記の質問に対する肯定の答えは、いずれも全国最高となる。この勤勉、倹約の精神は北陸と同じで、やはりこの土地に根をおろしている浄土真宗の影響によるものと考えられる。西欧の社会では、キリスト教の一派であるプロテスタンティズム（新教）が資本主義の倫理を生みだしたのだが、それと同じようにこの地では浄土真宗が商業の倫理を生みだしていたのだ。しかしこうした商人道が次第にガメッサへと変化して行ったのは明治のなかばも過ぎた頃だと言われている。開拓時代を過ぎれば初期の精神が失われると言うのは、別に近江商人ではなくてもありがちなことなのだが、明治なかば過ぎの近江商人の場合には、なんとか食い込もうと焦るあまりに「がめつい」とか、「こすからい」といったイメージが目立つようになった。「近江商人は骨までしゃぶる」「近江商人の通ったあとは草も生えない」といわれたのもその時期のことだった。

できるビジネスマンの理想像

滋賀県の男性は就職先としては役所を好まないという。県庁や市役所などより、一般の商事会社や販売会社を選ぶ。物を売ることで出世しようと考えるタイプが多いようだ。そしていったん企業に入れば、持ち前の勤勉さをいかんなく発揮することになる。しかも、社交的に見えるが情に流されるということがない。どんな事態にも冷静さは失わない。

つきあいは通り一遍のことしかやらない。同僚と酒を飲むには飲むが、最後までダラダラつきあうことはない。そこが物足りないと思う人もいるだろうが、滋賀県人の節度と考えたほうがいいだろう。

なお最後に触れておきたいのは、ここの県民性の成因ということについてである。気候に恵まれ、産物のゆたかな点から言えば三重県の志摩地方とよく似ているのに、正反対に近い性格を持つようになったのはなぜだろうか、考えてみる必要があるように思われる。

京都人

京都府出身の有名人：磯田一郎、野村克也、釜本邦茂、伊達公子、千宗室、長谷川慶太郎、山村美紗、大島渚、森光子、都はるみ、田村正和、津川雅彦、山城新伍、名高達男、三田寛子、平清盛、吉田兼好、今西錦司

プライド高き人々

「もっとも親しみを感じるのはどこの県か」というアンケートを全国の都道府県民に行なったところ、京都と答える人がいちばん多かった。「住みたい県はどこか」と聞かれても、やはり京都がいちばんになる。

ところが、プロローグでも述べたように、転勤などで実際に京都に住んだことのある

人は、間違いなくこの街が住みにくいと答える。よそ者にとっては名古屋と並んで京都は最も住みにくい都市という結果が出ているのだ。

この、見た目と現実の落差の大きいのが京都の特色でもある。観光などで京都を訪ねる人は毎年、日本の総人口の三分の一にも及ぶし、古都の静かなたたずまいや、京言葉の柔らかな響き、京都人の腰が低くて穏やかな応対に誰もが憧れ、好感を持つのだが、見ると住むとでは大違いのようなのだ。

他地域の人による京都の評価があまりよくないのは、よそ者を受け入れない京都人の閉鎖性、言葉の柔らかさとは裏腹の底意地の悪さだといわれるが、その根底には一〇〇〇年の都に住む京都人の強烈なエリート意識が隠されている。つまりプライドが全国でもっとも高いのだ。

その一方で、京都人にはきわめて都会的で合理的な面もある。その一例が「門掃き」だろう。各家々が自分の家の前の道路を毎朝掃除しあうものだが、これは京都人の日常生活におけるしきたりといっていいほど定着している。

この「門掃き」は、一見、古い因習的な作法のように思え、どこが都会的なのかと疑問を持つ人もいるだろうが、あくまで公的なつきあいにすぎない。つまり、やることさえやっていれば、お互いに干渉することもなく自由な生活が送れるのである。

実際、京都の人たちは隣近所でつきあうことがあまりない。町内会の活動は活発で、古いしきたりもあれこれあるが、プライベートな交際はしごくあっさりとしたものとなる。ただ、ここからが京都的なのだが、無関心を装いつつも隣近所の動向にはしっかり聞き耳を立てるところがある。いわば格子の奥から、隣家を見守るような面が京都人には残っている。

誉め言葉は誉めてない？

なお、京都人といった場合はふつう、京都市の住民を指すのであり、京都府民を指すのではない。したがって、ここに述べる性格も京都市民のもので、京都市以外に住む人々にはあまりはっきりした性格的特徴はない。しいて挙げれば素朴で温和な性格といえそうだ。

京都人の底意地の悪さについては「京のブブ漬け」のことその他プロローグでもあれこれ書いたが、京都で誉められたりお愛想をいわれたりしたら、皮肉をいわれたと思ったほうがいい。ある女性は、京都にお嫁にいって何かの会に出たとき、「お若い方は何をお召しになってもお似合いになってよろしゅうおすな」といわれ、誉められたのだと思って喜んでいたが、あとで「こんなときにはふさわしくない着物を着てこられましたなあ」という軽蔑の意味だとはっと気がついたという。

こうした「意地の悪い人」のことを京都弁では「いけず」と言う。真下五一の『京ことば集』（芸術生活社、一九七二）によると「いけずは『人』とか『奴』を付けない、そのまま『人』を指していう時に多く使われるのだが、これも京おんならしい意地の一つかもしれない。……やさしさと温順さの象徴みたいにみられている京女であるが、反面なかなか芯が堅く、意外といけずが多いものである」

他人に干渉したりされたりするのが嫌いなくせに、京都人はこういう干渉めいたことをしてくる。保守的かと思えば進歩的で、進歩的かと思えば保守的な複雑さを持っている。

戦前に行なわれた第一回の普通選挙で、いきなり二名も革新代議士を当選させ、戦後も革新知事が七選を果たしている。そして戦前から現在まで学生運動の有力な基地であった。またこれもプロローグで説明したように京都には次々と新しい学派が成長した。それに加えて京の「先走り」、京の「新しいもの好き」ということがよく言われたりする。日本最初の水力発電所ができたのも京都だし、チンチン電車が初めて走ったのも京都だ。ほかにも、トロリーバス、中央卸売市場などすべて京都で生まれたものだった。それでいて、よそ者を受け入れない頑固な閉鎖性があり、伝統的なしきたりも数多く残されている。

伝統的なしきたりのなかで最も重要なのは格式、家柄の重視などであるが、こうしたことに関連して、京都出身のある女子学生は次のように書いていた。

「〝つとめ〟ということばの重さ——昔、御恩になった家に、盆、暮、正月に挨拶に行き、ご機嫌伺いに行く。これを少しでも怠ろうものなら〝あそこも代が替ってからつとめんようにならはった〟と言われる。特に嫁の評価は急降下する。京都以外の土地から嫁いできた人ならなおさらである。……たしかに今日、若い層は変ってきている。しかし生粋の京都人は、大きく変ることはないだろう。私もまた京都に帰ると、古めかしさのなかにドップリとつかって満足している。京都が近代都市に生まれ変るということは、まずないだろうと思っている」

公私の区別をはっきりつける

京都人には、東京へ反発する気持ちのほかにも田舎蔑視の風潮がある。これは『徒然草』の吉田兼好以来の伝統である（兼好は京都の生まれ育ちだが、『徒然草』のなかでは「田舎の人はまことに困ったものだ。お花見のときにも、桜の花に近づいて枝を折ったり、またすぐに酒を飲んだりするが、都のひとは決してそんなことをしない」などと書いている)。そうかと思えばあけっぴろげで庶民的な大阪さえ軽蔑する。京都人にいわせれば、「大阪はゲスの街」となるから、とにかく京都以外は全部ダメなのだ。

ビジネス感覚もクールな面が強い。礼儀正しくて、やるべきことはきちんとやるが、仕事が終われば赤の他人といった態度を取る。

つまり京都人は、公私の区別をはっきりつけたがるのだ。したがって、出世や昇進への執着はあまりない。自分のスタイルをきっちり守り、上司の干渉を嫌う。このクールさは東京人よりはるかに都会的である。

恋愛でも同じことだ。ちょっと物足りないと相手に思われるくらい、京都人はハメを外さない。ただ、女性には案外、芯が強くてはっきりしたところがある。プロローグでも少し触れたが、ビジネスの世界でも積極的な面を持っている。男性も女性も、万事に賢い感じがするのも京都人の特徴である。

なおＮＨＫ放送文化研究所の全国県民意識調査の結果について検討してみると、「隣近所の人には信頼できる人が多いですか」という問に対して肯定の答えは一九七八年には全国で最低であり、隣近所でつきあうことがあまりないという前に記した京都の特徴がよくあらわれているという気がするのだが、同じ問に対して、九六年の肯定の答えはぴんと跳ねあがり、全国で第七位であった。なお「職場や仕事、商売でつきあう人とは仕事以外のことでもつきあうことが多いですか」という問に対する答えも全くおなじで、七八年は全国最低、九六年には第七位であった。「つきあい」ということについては「隣近所の人」と「仕事の上でのつきあいの人」と全く同じような大きな変化が最近起っているのはなぜだろうか？　ところがこれに対して「天皇は尊敬すべき存在だと思いますか」という問に対する肯定の答えは七八年、九六年とも四四位（最低から四番目）であり、全く変化は起っていないのである。中央政府に対する反発の気持ちは少しも変っていないということなのであろう。

大阪人

大阪府出身の有名人：矢野絢也、佐治敬三、岡田彰布、野茂英雄、清原和博、桑田真澄、江崎玲於奈、司馬遼太郎、筒井康隆、小松左京、藤本義一、佐藤愛子、森繁久弥、三田佳子、いしだあゆみ、田中裕子、沢口靖子、和田アキ子、谷村新司、大宅壮一、開高健、稲垣足穂、川端康成

したたかだが、人なつっこい

京都市と京都府はまったく別の性格を持ち、神戸市と兵庫県も性格が異なるのに比べて、大阪は大阪府全体が大阪的である。市と府は区別する必要がないし、大阪人の意識

のなかには、市と府の境界が存在していない。

誰でも大阪に対しては共通のイメージを持っているようで、私自身も大学生に各地の県民性について自由に書かせたことがあるが、大阪だけはほとんど全員の答えが一致していた。

「がめつい、しぶちん、ど根性、活動的、創意工夫がうまい、ユーモアに富む……」といった記述が間違いなく並ぶ。しかし、こう書いた大学生のなかで、実際に大阪人とつきあった経験を持つ者は少ないのだから、大阪はかなりイメージが先立った街といえそうだ。

そうなった原因は、テレビや映画、小説などに描かれる大阪や大阪人が、いささか誇張されているせいでもあるし、大阪弁のお笑いタレントがさらにそのイメージを強烈にしているせいでもあるが、とくに菊田一夫の昭和三十年代の芝居「がめつい奴」によってつくり上げられた部分が大きい。なお、牧村史陽編『大阪ことば事典』（講談社、一九八四）によれば、「ガメツイ」という言葉は神戸方言の「ガミツイ」の行訛ともいわれるが、菊田が先の「がめつい奴」で造語したのが流行語となったので、本来の大阪言葉ではないと記されている。

そして、大阪のおもしろいところは、実際に住んでみるとさらに大阪的な性格を実感するところだろう。日常のディテールそのものが、イメージ以上に大阪的なのである。

「病院の待合室で全然知らない人から話しかけられ、小児ゼンソクにはニンニクがいいとさんざん効用を聞かされた。待合室全体が情報交換の場となっていて、たいへんにぎやかだった」

「大阪の主婦は三〇歳以上になると、じつに安物のふだん着で満足している。いつもスーパーのバーゲンで購入し、デパートでふだん着を買うことはない。だから、東京のように服装で相手を判断することはないから、その点はすごく気楽である。要するに、大阪ではお金持ちかどうかということと、身なりとはあまり関係がないようだ」

　これは、どちらも他県から大阪に移り住んだ主婦の感想である。たしかに大阪人には見栄や体裁よりも実を取る合理性がある。また、初対面の相手にもペラペラと話しかける人なつっこさがある。あらゆる点で庶民的だし、それだけにしたたかでもある。

　なお、京都、大阪、神戸の三都市は、五十音の語感でとらえられるという説がある。つまり、京都は「はひふへほ」という柔らかい語感。神戸は「パピプペポ」という弾むような語感でシャキッとしている。大阪はといえば、濁ったひらがなで「ばびぶべぼ」となる。ど根性、がめつい、丼池《どぶいけ》のように濁音ばかりが強調される感じだというのだ。

パチンコと大阪人

パチンコというと名古屋が本場のように思われているが、生まれたのは大阪である。しかも、その発想がいかにも大阪的だ。

パチンコ以前にはスマートボールが流行していた。ただ、これは台が寝ているために場所を取る。もっと効率よく客を入れるために、台のスペースを小さくできないかと考え、それなら立ててしまおうというので生まれたのがパチンコである。

大阪人の発想はこのパチンコとよく似ていて、すでにあるものをもっと効率よくしたり、気楽なものにするところから生まれてくる。サラ金、カラオケ、プレハブ住宅、人工芝などもその好例だ。住宅ローンも大阪人の発想で、それまでは家を月賦で買うという考えが日本人にはなかったという。

大阪人はよく、「エエカッコシイ」といういい方をする。気取った態度や考え方を嫌うところがある。だからかどうかはわからないが、大阪の街、とくにミナミは、本来、家のなかにあるべきものが表通りまでしゃしゃり出ている。かに料理屋「かに道楽」のハサミをふり動かしている大きなかにの看板がいい例で、同じように動く人形があちこちにある。インテリアがエクステリア化しているのだ。

したがって、大阪は雑然とした印象になる。決して美的ではないがおもしろい。いかにもアジア的なのだ。ある外国人は初めて大阪の街を歩いたとき、「私は今日、きわめて日本的ではないものを見た」といっていたが、それは先に記した、動くかにの看板を指しての言葉だった。

日本一のせっかちを証明する大阪人の早足ぶり

心理学者の長山泰久が、全国各地の主要都市で住民の歩くスピードを測定している。通勤時間帯は避けて午前一一時、もしくは午後三時という時間に県庁や市役所前の歩道を歩く人の速さを測定したものである。

それによると、いちばん速かったのが大阪で、秒速一・六〇メートル。その次が東京で一・五六メートルだった。逆にいちばん遅かったのは鹿児島市で、秒速一・三三メートル。もし大阪の人と鹿児島の人が一緒に歩くと、一時間で一キロもの差がつくことになる。

大阪人のセカセカぶりを証明する現象はほかにもたくさんある。たとえば、赤信号でも待ち切れないで渡る（歩行者も車も！）とか、エスカレーターでもどんどん歩く、電車やバスに乗るときはほとんど並ばないといった具合である。

このセカセカぶりは、じつは街の環境と無関係ではないというのが長山の考えである。

「東京よりも大阪の方が歩行速度が早く、セカセカ度が高いということに疑問を抱かれる人もあるかもしれない。だが、広告・宣伝をはじめとする街の環境セットの刺激の多さが意味を持つと考えると、大阪が東京に比べて落ち着きのないものになることが理解できるのではないだろうか」

大きな看板さえ動くのだから、セカセカしてくるのは当然かもしれない。

組織の持つタテ社会が大の苦手

なんでも値切って買うのは大阪人の現実だが、名古屋人のケチとはちょっとニュアンスが違う。たとえば、ふだんの生活を切りつめてもお金や財産を残したいと思う人はそんなにいないようだし、使う値打ちのあるときには気前よく使うのが大阪人ともいえるだろう。

大阪人の反権威主義的な傾向についてはプロローグでも触れたが、同じ意味で個人主義的な傾向も非常に強い。たとえば集団のなかで統制の取れた行動がなかなかできないし、頭ごなしに命令されても、表面はともかく内心ではかなり反発する。

かつて、軍隊のなかでも大阪人で構成された部隊は非常に弱いといわれたが、それもこういった性格のせいである。計算高いから、負け戦とわかっている場合には無理な戦闘はしない。逃げるときも散り散りバラバラに逃げるのである。

こういう大阪人だから、がっちりした組織のなかで歯車となって働くより、個人あるいは小さな組織で働くのを好む。大阪に数多くのベンチャービジネスが育ったのも当然のことだろう。

大阪人のバイタリティーは、その人見知りしない性格にもあらわれている。NHK放送文化研究所が一九七八年に行なった全国県民意識調査において、「はじめての人に会うのは、気が重いほうですか」の問に対して「はい」という肯定の答えは全国最低であった（最高は青森県）。しかし同じ調査において「人とつきあう時にはお互いのことに深入りしないつきあいがよい」という答えが、七八年、九六年とも全国で第三位であった。少し意外な感じもするのだが、これが大阪人のつきあいかたの本質なのかもしれない。

恋愛には熱しやすく、冷めやすい

大阪の若い男女は、相手に好意を持つと最初にはっきりと宣言する。「好きやねん」と打ち明けてから交際が始まる。だから、相手の気持ちを推し量ったり、あれこれ駆け引きするようなことは嫌う。

ふだんでも自分の気持ちをストレートに伝えるから、ケンカになったり別れたりするのも早い。

プロローグでも触れたように、男性は案外、保守的・封建的なところがある。「おれのいうことがきけないのか」といった気持ちがどこかにある。それに対して女性は、表面的には男を立てる。けれども芯が強いから、いざとなればしっかり男性をリードする気丈夫さを持っている。

結婚観は堅実なものがある。女性はやりくり上手だし、男性も勤勉な性格だ。恋愛や結婚相手としては、大阪人は気取りの必要がないし、ざっくばらんな関係できわめて開放的だといえるだろう。

兵庫県人

兵庫県出身の有名人‥河本敏夫、土井たか子、石原慎太郎、池山隆寛、鈴木啓示、河合雅雄、河合隼雄、宮本輝、村上春樹、山田風太郎、陳舜臣、横尾忠則、高田賢三、淀川長治、阿久悠、杉良太郎、藤岡琢也、大地真央、渡哲也、浅野ゆう子、石原裕次郎、美濃部達吉、柳田国男、和辻哲郎、横溝正史、植村直己、藤原紀香

初物食いでおっちょこちょい

兵庫県の県民性のイメージには、神戸のイメージが強く影響している。兵庫イコール神戸、神戸イコール兵庫となってしまうのだ。

実際、兵庫県の出身者に郷土自慢をしてもらうと、まず〝神戸の夜景〟を挙げる。食べ物は〝神戸牛のステーキ〟、つぎが〝マツタケ〟となる。

厳密には、兵庫県は五つの顔を持つと昔からいわれてきた。摂津《せっつ》、播磨《はりま》、丹波《たんば》、但馬《たじま》、淡路《あわじ》の五つだが、かつては一九の小藩が分立し、そこにさらに天領や皇室領が入り込んで、とてもひとつの地方としてはまとめることができない。したがって、神戸のイメージはいやでも強くなる。そして、このイメージは西宮、芦屋、宝塚等々のいわゆる阪神間地帯の高級住宅地のイメージと重なってくる。

神戸には日本で初めてというものがいくつもある。六甲のゴルフ場は有名だが、日本で最初にゴルフを始めたのも神戸だった。いまでも兵庫県はゴルフ場が多く、その数は北海道を除けば全国一位となっている。

映画や登山、あるいは散歩といったありふれた習慣までが、神戸から全国に広まった西洋文化の一部である。要するに、神戸は初物食いの街で、とにかく新しい試みが多い。それだけに、多少、おっちょこちょいな面もあるが、「ポートピア'81」のように、山を削って島をつくるという発想はまさに神戸人気質といえるだろう。

センスがとてもいい

兵庫県は生協の活動が日本一、活発な県だ。その歴史も古く、大正十年につくられた神戸生協は日本で最初のものだった。生協活動が活発だというのは、女性の消費者活動が活発な証拠でもある。兵庫県の場合、消費支出を所得で割った平均消費性向は全国一の高さとなっているが、それもこの女性の購買力があるからだろう。

神戸はまた、ファッションの街としても知られる。これは地元の専門家もはっきり認めている。

「東京の人よりも、総体的に神戸の人はセンスがいい。少なくとも、東京の人のように『銀座のどこそこの店で買った服だ』と自慢するような野暮はしない。神戸の人なら、同じ品物が有名なA店と無名なB店にあり、B店のほうが安いとなればためらわずにそちらで買う」

固定的な発想や権威にとらわれず、自由な感覚が身についているといえよう。

この開放性は港町特有のものだが、兵庫県全体を見ても排他的なところはあまりない。企業でも個人でも、仕事さえできればすぐに認められるし、概してつきあいやすい県民性だ。他県から嫁入りしても、近所づきあいで苦しむようなことは少ないようだ。

なおこの章の冒頭では、「兵庫県の県民性のイメージには、神戸のイメージが強く影響している。兵庫イコール神戸、神戸イコール兵庫となってしまうのだ。……そして、このイメージは西宮、芦屋、宝塚等々のいわゆる阪神間地帯の高級住宅地のイメージと重なってくる」と記した。そこで最後にこの点について少しく注釈を加えておきたいと思う。

まず注釈を加えたいのは「西宮、芦屋、宝塚等々のいわゆる阪神間地帯の高級住宅地」という箇所なのだが、この住宅地は恐らくは日本でも最も豪壮な邸宅が連なることを以て知られており、ここの住民たちはこの地域に住んでいることに対して、極めて高いプライドを持っている。彼等は兵庫県民だという意識は極めて弱く、阪神間地帯の住民というアイデンティティしか持っていない。なおこの地域には、阪急電鉄、JR、阪神電鉄という三つの線がほぼ平行して通っているが、阪急は海岸から離れた、同じ住宅地でも最も高級とみなされる地域を通っており、阪神は海岸に最も近く、商店街に接するあたりを通り、JRはこの二つの間を走っている。こうした事情のために、阪急で通っている人々のプライドは最も高く、会社などで「阪急沿線の会」を作ったりしている。そして特に阪神で通う人々を低く見る傾向が強いのだが、こうした現象は東京などでは全くみられない、この地域の大きな特色だと言ってよいだろう。

なお神奈川の章でも述べたように、神戸は横浜と並ぶ日本最大の国際貿易港なので、兵庫県全体としても神奈川によく似ていると考えてしまいがちなのだが、どこまで行っても都市的、都会的な神奈川の場合と異なり、兵庫の場合は神戸からずっと北上すれば、その昔、丹波の国と言われた地域をかすめて日本海にいたる。神戸や阪神間地帯は瀬戸内海に面して気候温暖だが、日本海に面した地方では寒い吹雪の冬を過ごさねばならないのだ。兵庫イコール神戸（阪神間地帯）と考えてしまうことの危険性については、以上の説明でおわかり頂きたいと思う。

奈良県人

奈良県出身の有名人：駒田徳広、福井謙一、住井すゑ、田中一光、入江泰吉、楳図かずお、山村聡、聖徳太子、藤原鎌足

奈良の寝倒れ

この地は気候温暖で、台風も襲ってこない、非常に恵まれた土地である。特に奈良盆地はなだらかな山々が砦《とりで》のように周囲を囲んでいるため、特に台風から守られた形になっており、この盆地に大きな川はないので洪水の心配もなく、また地盤が硬いので、地震に襲われることもなく、そして東北地方のように冷害にやられることもない。日本最初のおおきな都がこの地に作られて長く栄えたということもうなずける。そしてその後

も国宝や文化財の宝庫として現在にいたっているのだが、ここに古くから培われてきた、住民の性格という点を考えてみると、東北、北陸等々の地域と異なって、厳しい寒さとの闘いはないし、まず柔和で烈しさや、鋭さに欠け、特徴があまりはっきりしないのだ。

強いてその特徴をあげるとしたら、まずのんびりしていると言うことになる。人口の大半の集中する奈良盆地は肥沃な穀倉地帯で、生活にあくせくする必要は全くなかった。それにここの農家は早くから兼業農家が殆どで、すぐお隣の大阪や京都への出稼ぎに行ってきたたし、いざ食い詰めてもこれらの都市ですぐ仕事にありつける。このように経済的にも恵まれて、のんびりした、進取の気象に乏しい県民性が作られたのだと言ってよいだろう。未知の分野を開拓してやろうという気概はなかなか生まれてこなかったのだ。

なお「京の着倒れ」や「大阪の食い倒れ」に対して、「奈良の寝倒れ」という奇妙な言回しがある。これは奈良県人の消極性を皮肉ったものである。

またここで、ついでに言えばこの奈良県を走る私鉄は全くと言ってよいほどストなどやらないのだそうで、これもまたこの私鉄に勤める従業員はいずれも家で米は作っているし、別に生活には困らないから、賃上げなどには全く関心がないからだと見るむきもあるようだ。そして奈良の人々はあまり大きな変革を好まない。こうしたところから政治を含めて、極めて保守的な空気が支配していると言ってよい。

大仏商法

こうした保守的な伝統文化を作ったものとして、中世以降、興福寺など社寺領が多く、そのために住民への統制が厳しかったという事実も見逃せない。大和の人が早起きなのは、春日神社の神鹿が自分の家の前で死んでいないかを確かめるためだということも言われているくらいだ。

なおここは古い歴史を持った土地柄だけに、多少、排他的なところがあるとも言われているが、京都に比べればずっと弱いようだ。というのも京都に比べて、奈良の歴史と文化に対するプライドがずっと低いからだと言ってよいように思われる。そしてこのことの結果と言えるのかも知れないが、県人同士の結びつきは極めて弱く、てんでんバラバラなのだとここの県人会の事務局は嘆いていた。個人主義的なところがあるのだという指摘もあるようだ。

なおこの個人主義的ということに関連してくるが、よく言われるのは利口、利己的、勘定高い、そして更には商才に長ける、等々だが、ここでは「大仏商法」ということばがよく使われる。奈良の大仏様のところへやってくる遠くからの観光客はもう当分はまた来ることもなく、顔を見ることもないので、商売もずるくなるという意味で、のんびりしている割には小賢しい所もあると言うのが、県民性の特色なのかもしれない。奈良盆地に暮す視野の狭さがその底にあるというみかたもできそうに思う。

「商才に長ける」という県民性の特徴に関連してくるかと思われることとして、旧城下町、大和郡山市の金魚をあげることができる。ここでは幕末に下級藩士が副業として金魚の養殖をやっていたが、維新の騒ぎが起きるとさっさと侍に見切をつけ、そろって金魚屋に転業してしまったのだった。現在では、大和郡山市は全国の金魚の四割を供給していると言う。

大阪のベッドタウン

大阪の至近距離にあるという立地条件のために奈良は今や一大ベッドタウンとなり、急速に都市化が進んできた。NHK放送文化研究所の全国県民意識調査において、「流行おくれのものを着たとしても気にならないほうですか」という問に対する奈良の肯定の答えは一九七八年には全国最低。九六年には少しあがって最低から五番目であった。なお七八年の最低から二番目は埼玉、三番目が山梨であり、奈良、埼玉、山梨の順に流行を非常に気にすることがわかるのである。この三県に共通するのは、大都市に近接する地域だということで、そういうところだからこそ、都市の流行が非常に気になるのであろう（全国各地で最も流行を気にしないのは、福島、山形、秋田、岩手、青森であり、宮城を除く東北諸県だった）。奈良の場合には大阪の至近距離にあるベッドタウンであるため、特に大阪が気になって仕方ないということがあるに違いない。なお同じ調査において「仕事や生活の上で、新しいことを積極的にとり入れたいほうですか」の問に対する肯定の答えは九六年には全国で第二位に達しているのも同じ理由によるように思われる。

和歌山県人

和歌山県出身の有名人：松下幸之助、西本幸雄、東尾修、正田耕三、津本陽、中上健次、東陽一、富司純子、坂本冬美、徳川吉宗、陸奥宗光、南方熊楠、佐藤春夫

文左衛門と移民

和歌山というとすぐにミカンを思い浮べる位だが、ミカンのあまさを連想するためか、あるいは気候の温暖さに関連させるせいか、温和とか穏健などの性格をあげる人が案外に多い。しかし住民自身があげている自分たちの性格の特徴だという答えは明朗、情熱的、荒々しく反抗心が強い、進取的、冒険心が強い等々が多いのだ。ここで忘れてならないのは、有名な紀伊国屋文左衛門の存在である。彼は江戸初期の生まれだったが、風

波のために船が全く出ず、紀州ミカンが地元では暴落し、江戸では高騰しているのを知って、決死の覚悟で荒海を遠く越え、江戸へミカンを輸送して巨額の富を得たのである。「沖の暗いのに白帆が見える。あれは紀州のミカン船」という江戸庶民のよろこびをこめた俗謡によって、世人に深い印象を与えた。

後には江戸八丁堀に材木問屋を営んで巨万の富を築いたのだが、彼の場合は彼の性格が例外的に突出していたというわけではなく、和歌山県人が先にもあげたように、進取的で冒険心に富むという県民性を持っていたからこそ、うんと遠くへ抵抗なしに出かけて行くことが可能だったのではないかと思うのだ。

文左衛門とあわせて、ここの県民性をよく示していると思われるのは、ここが広島県、熊本県とともに外国への移民の数の最も多い県だという事実である。明治十年代後半以降、特に明治二十六年ころから多数の人が海外に渡航した。なお日高郡三尾村（現、美浜町）からは明治二十年にひとりの男性がまさに単身カナダへ渡って漁業に従事したのであり、それからあと次々に同じ村から移住し、現在までにこの三尾村からカナダへ渡った人々は約三〇〇〇名にも達しており、第二次大戦以降、この村はアメリカ村と呼ばれるようになって、バスの停留所にもその名がつけられるようになった。英語まじりの会話や異国調の服装や建物がめだち、かつては特にアメリカにはあるけれど、日本にはまだ見られないような電気器具などが多かった。

なおここでさきにあげた文左衛門と並んで見落せないのは一八六七年和歌山市に生まれた生物学者、民俗学者の南方熊楠《みなかたくまくす》である。一九歳のときに渡米、後に渡英して大英博物館の資料整理に従事し、数々の功績をあげた。その後一九〇〇年に帰国してからは、この和歌山県にこもり、地元の民俗資料や粘菌類の収集と研究に晩年の全力を尽くして世界的な功績をあげたのだが、少しく変人でもあって、柳田国男とはそりが合わなかったと伝えられる。それはともかくとして、彼が一九歳の若さで外国へ渡っているのも和歌山県人らしいし、彼の場合は更に地元和歌山の民俗と粘菌の研究で功績をあげたのだから、まさに和歌山の風土と自然によって生みだされた学者だと言えるのかも知れない。

商業優先の高野聖《こうやひじり》

このように和歌山県人の性格の特色を実在した人物から考えるなどしてみたのだが、ここで付け加えて置くべきは、和歌山の中は海岸沿いの南部（紀南）とそのすぐ北の中部（紀中）、そして北部（紀北）との三つの地域にわかれていて、住民の性格も若干違っているという点である。文左衛門、熊楠の二人も紀中、紀北の人であり、関連して述べた、大胆な積極性は紀南、紀中ではぴったり特徴として当てはまってくるのだが、紀北の場合には京都、大阪のほうにむしろ向いているので、商業優先過多で金銭感覚もぐっとシビアで、いわばがっちりしているタイプも多いように感じられる。しかも金に頭をさげる拝金主義的傾向もあると言われている。

なお、ここの紀北にある高野山は、かつて弘法大師・空海が真言宗を開いた有名な場所だが、この高野山の僧侶たちは「高野聖」と呼ばれ、泉鏡花の小説の題にもなっている。そして彼等は中世から近世まで、念仏を唱えながら物資を背負って全国を廻り、呉服その他の行商を盛んに行っていた。僧侶が行商にも精を出すというのは日本でもここだけの風習であり、これまた「商業優先」などという先にあげた性格に関連しているのかと考えたくなってくる。

なおNHK放送文化研究所の全国県民意識調査において「隣近所の人とのつきあいは多いほうですか」の問に対して、この県の肯定の答えは一九七八年では全国第二位。九六年にはやや下がってはいるが、第四位だった。これでみると前に出てきたような、個人主義とだけも言えないような気がしてくる。なお「他人にウソをつくことは、どうしても許せない悪いことだと思いますか」の問に対する肯定の答えは七八年には第四位であったのだが、九六年には第一位なのだ。和歌山県人はひどく潔癖なようであるが、こんな点も県民性に関連して生まれたものなのだろうか？

中国地方
の人柄診断

鳥取県人

鳥取県出身の有名人：相沢英之、小林繁、米田哲也、川口和久、伊谷純一郎、岡本喜八、水木しげる、沢田研二、司葉子、小野ヤスシ

自分でもよくわからない人柄

鳥取県出身のある学生は、自分の県の県民性を論ぜよという課題のレポートの冒頭にこう書いていた。

「鳥取県の県民性を書けといわれても本当に困ってしまう」

自分でもよくわからないというのだ。そのあとでこう続けた。

「ひと口にいえば、積極性に欠けるといえるのではないか。思っていることを十分、相

手にいえない気の弱い面がある。性格に派手さがなく、流行を追い求めるでもなく、質素で、心の美を備え持っている女性が多いと思う」

あるいは、

「競争心があまりないから、有名人も生まれないし、大事業を企てる人物もいない。一発屋的性格の持ち主が少ない。消極的で弱気であるということだろうか」

とも続けた。

鳥取県出身者がまず、その県民性を聞かれて「本当に困ってしまう」ところに、この県の特色があらわれている。たしかに地味な県民性には違いないのだが、それ以上の言葉がなかなか出てこないのであろう。

北は日本海に接し、南は中国山地がおおいかぶさるように迫り、東西一二〇キロメートルに及ぶ細長い地形は、生活するうえにおいて、決して恵まれた地形ではなかった。

鳥取県は東部の因幡《いなば》と西部の伯耆《ほうき》とに分れているが、因幡といえば恐らくどなたも思いだすのは「因幡の白兎」の物語であろう。『古事記』に伝えられる神話で、ワニに皮をはぎとられて、泣いている兎のそばに袋を背負った大国主命が通りかかり、この兎を救ってやったという話だが、これによってもわかるように、この国は古代においては神話にあらわれる文化の中心地なのであった。この因幡と伯耆という二つの国は、江戸時代に入ると合併して鳥取藩となり、明治以降はそのまま鳥取県となったのである。

しかし同じ県のなかでもこの二つの国の風土はかなり異なっているようで、「雨の因幡に風の伯耆」とよく言われ、因幡のほうは「弁当忘れても、かさ忘れるな」という諺があるくらい、雨の多い地域だとされているのに対し伯耆は雨は少ないが、中国地方最高峰の大山からの吹きおろしがある。こうして、雨と風とが両方の性格を「雨にひたすら耐える陰性」（因幡）と「風に立ちむかう陽性」（伯耆）に分けたといわれるが、両方に共通するのは「雨にも負けず、風にも負けず」と言う勤勉性であることは間違いない。

たしかによく言われるのは東の因幡は排他的、西の伯耆は開放的だと言うのだが、これとて県民性をはっきり二分するまでにはいたっていないと感じられる。

因幡には「煮えたら食わあ」という言葉があるそうだ。ものがぐつぐつ煮えていても、誰も箸を出そうとしない。一人が食べてみて、煮えているとわかるまでは誰も箸をつけない。そういう他力本願的なところがある。

どう考えても、鳥取の県民性は地味なものとなる。男性はまじめで気の弱い努力型、女性は地味でおとなしい性格というしかないようだ。

なお総務庁統計局編『日本の統計　一九九九』によれば平成七年（一九九五）におけ

る鳥取県の常住人口（昼間人口と区別してこのことばが使われる）は全国最低であり、島根がそれに次いでいる。

島根県人

島根県出身の有名人：竹下登、梨田昌孝、佐々岡真司、安野光雅、森英恵、芦田伸介、田中美佐子、世良譲、竹内まりや、山中鹿之助、森鷗外

二分される県民性

鳥取のところで既に述べたように、総務庁統計局編『日本の統計　一九九九』によれば、島根県の常住人口は全国で最低から二番目なのだが、平成二年（一九九〇）から平成七年（一九九五）の五年間における人口の減少率は一・二パーセントで全国最高であり、特に青年の人口減少が大きく、過疎化が全国一ということこの特色がよく示されている。島根の県民性を考える場合、この点をまず念頭におかねばならない。

この県は松江を中心とした東部の出雲地方と、大田《おおだ》市以西の石見《いわみ》地方とに分れる。江戸時代には出雲と隠岐は松江藩に属し、石見は浜田、津和野の二藩と幕府の直轄地とに分れていた。しかし明治維新後はこの島根は一〇年間も鳥取と一緒に一つの県として統轄されていたこともあり、両者の性格は共通しているところが多い。

なんとなく暗さが漂い、内向的で社交べただが、堅実でまじめで、努力家なのだが、積極的に押しまくるファイトがない。地味で人目につかないのが特色だ。しかし先に述べたような江戸時代の歴史のため、同じ島根でも東部の出雲と西部の石見では、気候、方言、生活様式から気質等々において異なっている点が非常に多い。例えば山陰の人は親切で、情に厚いと言われるが、これは出雲人を指しており、石見人にはあてはまらないのだと言われる。

このような出雲人と石見人の大きな相違はもっぱらその歴史の違いによっていると考えられる。すなわち石見のほうはあまり特徴ある歴史もなく、昔から交通が不便で周囲との文化の交流もなかったが、近代になってからは新しい文化をどっと受入れたのであった。このために人々は、新しいものを受入れる点においては非常に積極的だが、野心と情熱に乏しいのが特徴だと言われている。これに対して出雲は、鳥取の所にも出てきた大国主命を中心とした神話の国として、古代には極めて重要な位置を占めており、かつてこの出雲の松江に住んでいた小泉八雲の『怪談』に出てくるような奇怪な雰囲気と、さまざまな古い因習が今でもなお残っている。特にこの地方では全国でもここだけとい う「狐憑き信仰」が残っている。狐が人を化かすと言うのは、日本全国どこでも同じように信じられていることなのだが、狐が人にとり憑くという信仰のあるのはここだけで、しかもこの狐が特定の家系と結びついていると信じて、これが結婚の際に大きく問題とされるなど、ここ独特の差別が大きな社会問題として存在して来た。第二次大戦後、この青年団はこの誤った信仰に基づく差別をなくすことを最大の目標として運動したのだが、青年たちが県から外へ出て行ってしまい、そのためにこうした運動も力を失った。なおこの県における自殺率は全国最高なのだが、過疎化ということとともに、消極的で悲観的な性格が原因だろうと思われる。

なお一九九六年に行なったＮＨＫ放送文化研究所の全国県民意識調査においては、「家の祖先には深い心のつながりを感じる」「神でも仏でも、何か心のよりどころになるものがほしい」「かけごとなどはどうしても許せない」「隣近所の人とのつきあいは多い」「隣近所の人には信頼できる人が多い」という意見は島根がいずれも全国最高であり、この県の県民性を考える上で、極めて重要な特徴だと思われる。

東北弁がなぜ使われているのか?

なお方言ということに関連して触れておくと、出雲のごく狭い地域では東北弁が使われている。東北弁が東北地方以外で話されているのはここだけなので、なぜそうなったのかについて言語学者の間ではいろいろと議論されているが、小泉保は、縄文時代の東北地方から日本海沿岸一帯には裏日本縄文語が使われていたが、表日本縄文語を使う人々の集団が侵入してきて、日本海沿岸一帯はすべて表日本縄文語にとってかわり、出雲だけが残ったのであろうという説を出している(『縄文語の発見』青土社、一九九八)。なお松本清張の小説『砂の器』はこうした事実を巧みにとりあげたもので、東京で起きた殺人事件の犯人が東北弁を使っていたという目撃者の証言から、刑事たちは東北地方を調べるが、手がかりが得られない。しかし方言の専門家から、東北弁は出雲の一部でも使われていることを教えられ、出雲で捜査を行ない、ついに犯人逮捕にいたるという筋である。

岡山県人

岡山県出身の有名人：江田五月、加藤六月、橋本龍太郎、布施健、星野仙一、木原光知子、森末慎二、川相昌弘、吉行淳之介、大山康晴、雪舟、宮本武蔵、緒方洪庵、内田百閒、竹久夢二、正宗白鳥、犬養毅、土光敏夫

上昇志向が強い人柄

地理的に見ると、岡山県は古来、京阪の政治中心地域と北九州文化圏の接続地になる。しかも瀬戸内海を隔てて四国と向き合っている。こういう環境から、万事に臨機応変で、先取りする進取の気風が育ったといわれている。

岡山県の先見性を示す例として、よく引き合いに出されるのが興除村《こうじょそん》（現、岡山市）

だ。明治期に大規模な干拓が行なわれた児島湾沿岸に近いこの村は、早くから機械化農業に取り組み、昭和の初めには小型の自動耕運機の試作に成功した。日本で最初の機械化農村である。そのほかにも生活改善運動や台所改善運動の先駆となるなど、日本の農村のなかでは非常に先見性のある地区となっている。

こういった傾向は岡山県全体に見られ、つねに生活レベルの向上を意識する県民性でもある。ただ、その合理性がときには自己中心的で協調性のない性格と見られるようで、県民自身が自分たちの「こずるさ」や「せこさ」を認める気配があるようだ。

教育熱心で競争好き

岡山県人の「こずるさ」のイメージには、史実もまた大いに影響しているようだ。岡山城主の宇喜多直家は謀略家として知られるが、小早川秀秋も、関ヶ原の戦いでは最初、豊臣方につき、形勢不利と見ると徳川に寝返って家康に大勝利をもたらした。これが、岡山県人のイメージを決定的にしている。

岡山県は教育熱心でも知られる。戦前から高等女学校（現在の女子高校。昔はすべて男女別学であった）の数が人口密度との比率では全国最高だった。

教育の歴史は、見方を変えれば〝人を出し抜いてやろう〟という歴史でもある。クールとかこずるいといった県民性がそれに拍車をかけて、激しい出世競争を生み出している。戦前は岡山一中、第六高等学校、帝国大学という中央志向の出世コースがあった。いまでも、戦前ほどではないが、エリートコースを選ぶ教育熱心さは続いている。

なお作家の司馬遼太郎は、この岡山が宗教との深い関係という点において、極めて特徴があると指摘している。維新の前後に黒住教《くろずみきょう》と金光教《こんこうきょう》という二つの大きな教派神道がこの県に発生したのであり、他方、明治以後のキリスト教も、この県に最も早く入って受容されたというのであり、宗教性に乏しい高知県や鹿児島県などに比べてみると、岡山県はこの点において極めて特色があると結んでいる（『歴史を紀行する』文春文庫、一九七六）。

ビジネス社会にはうってつけ

ＮＨＫ放送文化研究所が一九九六年に行なった全国県民意識調査において「年上の人のいうことには、自分をおさえても従うほうがよいと思いますか」という問に対して、否定の「ノー」は岡山が全国一位。また「父母を手本に生きてゆきたいと思いますか」「おだやかで変化のない生活がしたいと思いますか」の二つの問に対しては「ノー」の答えはそれぞれ全国で二位だった。この結果をみても、岡山県人が極めて積極的な生きかたを求めていることがわかるのである。おそらく、ビジネス社会にはうってつけのタイプといえるだろう。どんな過酷な競争にも、さほどのストレスを感じることなく適応できるからだ。

岡山県人は現実的でもある。計算高く、状況判断が優れている。

さらにいえば、あまり粘り強さはない。勤勉な性格ではあるが、目先が利くから投げ出すのも早い。その点で、トラブルの処理能力があるとはいえないが、そもそもトラブルを事前に回避する性格なのだ。岡山県人には打算的な性格も強い。

トラブルは事前に回避

ある評論家が岡山県人を評して「ずば抜けて金儲け上手」といったことがある。同じく岡山出身の作家も「がめつくて、せこくて嫌いだ」と口にした。

しかし、県民にいわせると、岡山のがめつさは大阪商人のようにねっちりしたがめつさではない。

「たとえば、ものを値切って買う場合、大阪人だったら『おっさん、まけときいな』という。岡山県人はそんな露骨なまねはしない。『おっさん、なんとかならんかのう』という。そこが大阪人と岡山県人の根本的に違うところだ」

この言葉には多少の弁解もこめられているが、同じがめつさのなかにもクールさがあることがわかる。

また、同じ岡山県のなかでも倉敷は自負心が相当に強い地域のようだ。先にも触れた司馬遼太郎はこんなことを書いている。

「『倉敷人の性格は何か』とこの土地できくと、三人に一人は、『天領根性』と誇らかに答えてくれる。天領はすでに百年前にほろびたが、しかし町の誇りは失せていない。岡山市との合併問題が起こったときも、あんな町と一緒にされてたまるかということで、ついにみのらなかった。それほど、自負心の強い町である。その自負心の根拠はいまでもこの町の美しさにかかっており、その美しさを守ろうという意識が非常に強い執念となってあらわれている」（『古往今来』）

広島県人

広島県出身の有名人：松田耕平、広岡達朗、山本浩二、岡本綾子、倉本昌弘、村田兆治、井伏鱒二、阿川弘之、平山郁夫、大林宣彦、新藤兼人、長谷川和彦、三宅一生、森下洋子、杉村春子、平幹二朗、矢沢永吉、西城秀樹、毛利元就、頼山陽、池田勇人

熱しやすく冷めやすい人柄

西部の安芸と東部の備後から成り立っている広島は各種新製品のテスト販売のメッカとして知られている。じつはもう一県、テスト販売で知られる県がある。その県は前にも述べたように静岡である。

ただしこの二県では、販売の商品内容が違う。静岡は平均的な商品の反応を見るのが目的で、広島のほうは先進的商品のテストがなされることが多い。つまり、古い伝統には固執せず、どんどん新しいものを取り入れていく性格が広島県人にはあるということになる。

それを物語るのが、広島の海外移住者の多さである。明治三十二年から昭和六十三年までの合計はおよそ一〇万人で、全国第一位になる。とくにアメリカへの移住が多く、「若者にはそれくらいの覇気がなけりゃ」とばかりに見送られ、みな晴れやかな気持ちで旅立ったという。

そんなことから、広島の県民性といえば、「新しがり屋で冒険心に富む」といった言い方をされるようだが、同時に「熱しやすく、冷めやすい浮気性」ともいわれる。

たしかに、広島県人には古いものを洗い直して新しいものへと向かう精神はあるが、それをとことん突きつめるまではいかない。のぼせ性があって、カッと燃え上がるが、いったん熱が冷めると急にしぼんでしまう。よくいえば淡白、悪くいえば中途半端なところがあるようだ。

この性格はどうやら、広島県人の精神風土に染みついている浄土真宗が関係しているらしい。

天正五年（一五七七）、織田信長が大坂の石山本願寺を攻略しようとした頃に、安芸地方へ浄土真宗が急速に広まったらしく、この地域の有力寺院の多くが、真言宗、時宗、禅宗などから転宗して真宗寺院となった。ここの真宗教徒たちは安芸門徒と呼ばれたが、信長の攻撃のため、長期の籠城に苦しむ石山本願寺へ、毛利水軍の援助のもとに食料を送るという重要な役割を果たしたのであって、真宗はこの頃から広島県人へ大きく影響を与えるようになったのである。

なあなあ、まあまあ主義

富山や福井といった北陸の真宗王国を見ると、とにかく勤勉な県民性だけが引き立つのだが、同じ真宗でも、広島県民のこの中途半端な性格はどうしてできたのだろうか。浄土真宗の価値観は他力本願である。本来は現世利益を求めず、一段と高い信仰を求めることを意味している。

ところが広島の場合、それがいつの間にか〝なあなあ〟とか、〝まあまあ主義〟という主体性のない生き方に転化されてしまった。そのために淡白で中途半端な性格が生まれたというのである。

なにごとにも如来様のはからいのままにいくという考え方は、ものごとを突き詰めない性格や、努力をしないという性格に結びつく。海外移住を平気でやってのけながら、人のいいなりになりやすいタイプはこうして生まれたようである。

ところで、広島県といえば、広島カープである。広島の男は例外なく熱狂的な「赤ヘル応援団」だ。しかも、その応援の熱狂ぶりがいかにも広島らしい。

まず、チームが勝ち続けているときは異常なほど誉め称える。ワアワア騒ぎまくる。ところが、成績が落ちたりミスが出ると、とたんに罵《ののし》る。あるいは、忘れてしまったかのように球場に行かなくなる。

これは、熱狂的で裏がないともいえるが、自己放棄や主体性の欠如、あるいは無責任にもつながる。気が変わりやすい性格でもある。

強い愛郷心と地元への執着

カープの応援に見られるように、広島県人の愛郷心はなかなかにすさまじい。中国、四国の各県は東京に対して疎遠な感じを抱く人が多いが、広島の場合はむしろ反発する気持ちさえある。この愛郷心が方言も含めた地元への執着を生み出し、そこに荒々しさまで加味されたときに、ヤクザのイメージが浮かび上がってくる。

広島県民にはたしかに荒っぽいイメージがある。のぼせ性でカッと燃え上がるところに、あの独特の広島弁が加わるからだ。たとえば広島球場で相手チーム（とくにジャイアンツ）が得点しても、客席は全然、沸かない。むしろ憎悪の空気が流れ出す。解説者が少しでもカープの選手を悪くいうと、観客が放送席になだれこみかねない雰囲気さえある。

こういった性格は人づきあいにもあらわれ、まわりの人が見るとケンカでもしているようなやりとりとなる。

優れたバランス感覚で、そこそこの世渡り上手

ＮＨＫ放送文化研究所が一九九六年に行なった全国県民意識調査において、「職場や仕事、商売でつきあう人とは仕事以外のことでもつきあうことが多いですか」という問に対して、肯定の「はい」の答えはここが全国最低であったのだが、これはさきにあげた、すぐにケンカを起こしそうな人づきあいのしかたと関連し合っているように思われる。そして同じ調査「次にあげることは、どうしても許せない悪いことだと思いますか。Ａ、他人にウソをつくこと。Ｂ、夫婦の間以外の性的関係」という問に対して、同意する答えはそれぞれ全国第二位と全国最高位であった。こうしてみると、広島県人は非常に潔癖で、他人に対する寛容性が少ないようにも感じられるのだが、こうした点も、上

にあげた人づきあいのしかたの広島的特色と関連してくるのかもしれない。

広島県人の商売のやり方は、トンビにたとえられる。「尾道トンビ」という言葉が備後（県東部）にはあって、どういうものをどう売れば儲かるか、トンビのように眼光鋭く高いところから状況を観察して、商売するという意味だ。

新しがり屋で浮気性だが、広島県民のバランス感覚は案外、優れているように思われる。

山口県人

山口県出身の有名人：野坂参三、林義郎、宮本顕治、金森政雄、岩本賢太郎、門田博光、高木豊、奈良本辰也、広中平祐、髙樹のぶ子、宇野千代、塩田丸男、星野哲郎、前田吟、西村知美、山本譲二、松田優作、吉田松陰、高杉晋作、伊藤博文、井上馨、中原中也、種田山頭火、林芙美子、岸信介、佐藤栄作、安倍晋太郎、田中絹代

理論的で純粋な人柄

山口県出身の宰相は七人いる。東京の六人、岩手の五人を抑えて全国一の数だ。日本に内閣制度ができたのは明治十八年で、平成十一年で通算一一四年間になるが、そのう

ち三三年間は山口県出身の宰相が政権を担当したことになる。近代日本の三分の一近くは、山口県人がイニシアチブを握ってきたわけだ。

この歴史がそのまま、山口県人の誇りとなっている。山口県人は二人寄れば天下国家を論じ合うが、いまだに強い中央志向を持っている。

山口県には「かぼちたれるな」といういい方がある。でかい口をきくな、という意味だが、この言葉がいつも使われるということは、山口県人がはったり好きで、事大主義者が多いということを示しているのかもしれない。

組織の力をフルに活用する派閥名手

山口県には全国で他に例の見られない在京県人会がある。「防長倶楽部」という名の全国でただひとつの財団法人で、入会資格が厳しく、一流企業の課長以上とされている。しかも会の目的がここだけは、「愛国心……民族意識……」となかなか勇ましい。発足したのは日露戦争直後の明治三十八年だが、当初は高級官僚に少将以上の軍人、学者は博士号を取っていないとだめといった厳しい規定があった。

現在でも、防長倶楽部はタテの系列が非常に強い。ひとりひとりの生年月日が名簿にすべて記入されており、先輩、後輩の関係が明確になっている。年数回、政治家や財界人、知識人を呼んで講演会を行なうが、会員が大ぜい集まるのは政治家のときだけで、それ以外はあまり興味を持たれない。それで必然的に政治家を呼ぶことが多くなる。

山口県人がどこまで政治好きかはさておいて、いちばん特徴となるのは組織である。ある山口の地元関係者はこんないい方をする。

「山口県人くらい、その身の置き具合で出世するかしないかが左右される県民も少ないようだ。組織に入ったら結束力にものをいわせてグイグイ伸びるが、ひとりになると非常に弱い」

仲間がいて初めて力を発揮できる

山口県人のビジネスの社会での特徴について、こんなことをいう人もいる。

「使われる立場でいえば、上司に先見性があって、方向を示唆してくれる人がいれば、持ち前の行動力で驚くほどの力を発揮するが、ことなかれ主義の上司に当たると暴走してマイナス面ばかり出てくる。逆に指導者になった場合は、部下に恵まれない、と振返ったら自分ひとりなんてことになりかねない。もし部下に同じような行動力を持った人間がいたら、力は倍加する」

つまり、山口県人は個人ではだめなのだ。仲間がいて初めて力を発揮するタイプだが、それだけに相手への要求水準もかなり高い。

「一度、信頼関係をつくると、相当深いところまで相手に要求しないと気がすまない。だから、親友にはかなり厳しいこともいう。そのため、自分にマイナスになってはね返ってくることもある。だけど、一度、信じたからには相手のために命も投げ出す、そういう関係でないと、満足できない性格なのだ」

こういう県民性だから、お金のことなどとやかくいわない性格のように思えるが、金銭感覚には案外、シビアなところがあるという。

山口県には昔から「ゼニカネの話をするのはいやらしい」という風潮がある。政治と経済は切り放せないものなのに、政治ばかりに夢を膨らませたせいだ。それでも、つつましく蓄える思想だけは残っていて、地元の銀行によれば「貯蓄熱は高い」という。

「たとえば家を建てる資金が一〇〇〇万あるとすると、山口の人は八〇〇万で建てて二〇〇万は貯金にまわす」

残る男尊女卑の風潮

山口出身の元首相・佐藤栄作は、生前、夫人を殴ったと発言して世界の話題となったことがある。男が女を殴ったからというわけではないが、山口には男尊女卑の風潮がいまだに残っている。

戦前までは、たとえ夫婦であっても、女は男の枕元を通ってはいけないとか、男より先に風呂に入ってはいけないとされていた。いまでも、山口県の男性は、控え目で賢い女性を好む。家のなかでは男は威張っていることが多く、こんな土壌からも政治家志向が生まれてくる。

山口県出身の文化人は大勢いるが、なかなか陽の当たるところには出られない。文学などを志すと、めめしいやつだと思われてしまう。詩人の中原中也も、一六歳の春、飛び立つ思いで山口を去っている。

政治的には、山口は圧倒的な保守王国だ。なかには野坂参三や宮本顕治といった革新系の政治家もいるが、決して山口県内では立候補しない。その理由は山口県の産業構造にある。

山口県は瀬戸内海沿岸に新産業都市のコンビナートが並んでいる。そこで働く県民の数は多く、大半が中産階級の家庭になる。さしあたっての生活には困らず、旧来の郷党意識ともあいまってどうしても保守的になってくる。

ＮＨＫ放送文化研究所が一九七八年に行なった全国県民意識調査において「天皇は尊敬すべき存在だと思いますか」の問に対する肯定の答えは山口が熊本とともに全国で最

高だった（七〇・八パーセント）。この両県は戦前戦中の陸軍大学校（陸軍の高級将校を養成する学校で、東京の青山にあり、参謀総長が直轄した）への進学率も一、二を争い、現在でも自衛隊への志願者が最も多い県であり、関連性があると思われる。

しかし一九九六年に行なった同じ調査においては、この問に対する肯定の答えは第七位に下がっていた。この変化の原因については、いろいろと推察することが出来るのだが、天皇に対する意識の世代差が大きくなっていることも考えられると思う。因みにかつての城下町である萩市などでは、吉田松陰が鹿児島における西郷隆盛に匹敵する存在で、松陰神社に行って見れば、「明治維新胎動之地」という大きな石碑の文句に一瞬たじろぐくらいなのだが、少し以前に行なわれた自衛隊応募者の試験で、尊敬する人物を何人か書かせて見たところ、吉田松陰などは極めて僅かだったというから、ここでも世代間の断絶は争えないようだ。天皇に対する意識も、若い世代では少しずつ変化していることが考えられる。

高い情報収集能力

大言壮語のクセはあるが、山口県人には緻密なところもある。司馬遼太郎は『花神』という小説のなかで、山口県人の情報収集能力について書いている。

「元来、長州人は文章を書くことが好きで、同志や友人との間の手紙の往復が実に頻繁で、このため領内の街道には、そういう書簡の束を抱えた飛脚問屋の人夫が飛び回っている。情報交換や、江戸や京都からの情報収集能力の高さは、どの藩より抜きんでていたが、これはもともと長州人たちの共通の性格であった。この共通の性格が、後にこの藩を機敏にし、時勢への反応を鋭くしていく大きな理由になっていく」

冒頭に述べたような論理性が、山口県人には備わっているのだ。

県民自身は、大言壮語と呼ばれることに対してこんな反発をする。

「決して口からでまかせをペラペラしゃべっているのではない。先に大きなことをいって、その実現に向かって努力する。口先だけでは終わらない。ただ、やり方が下手なために、狡猾《こうかつ》なやつだと他県人には思われてしまう」

四国地方の人柄診断

四国全般の人柄

四国はひとつの大きな島だが、あくまで四国である。四つの国（県）がそれぞれ個性豊かにその存在を主張している。県同士のつながりはあまりなく、むしろバラバラに四国以外の他府県と結びついている。

たとえばこんな話がある。テレビのニュースなどで、四国のなかのどこかの県が取上げられると、それ以外の県は反発するという。愛媛県のテレビニュースに、高知や香川や徳島の事件が放送されると、「なぜ愛媛のニュースをやらないんだ」と抗議の電話がかかってくる。

なお、四国にはこんな小噺《こばなし》がある。もし、思いがけない金が一万円手に入ったらどうするか。愛媛の人は、「これはよかった」といって何か買ってしまう。香川の人は、「いやまことにありがたい」といって、そっくり貯金してしまう。徳島の人は、「こりゃエエもとでができた」といって、その金を何倍かに殖《ふ》やして貯金する。そして最後に高知の人はというと、「こりゃもうけたよ、さっそく祝杯じゃ」といってきれいに飲んでしまう、というものだ。

地図で見ると四国はたしかにひとつの島だが、瀬戸内海側と太平洋側ではまったく性格が違う。中国地方の瀬戸内海側と日本海側くらいの違いがある。四国四県の県民性を考える場合、そういった事情をまず頭に入れておいたほうがいいだろう。

徳島県人

徳島県出身の有名人：後藤田正晴、尾崎将司、板東英二、水野雄仁、潮崎哲也、瀬戸内寂聴、佐古純一郎、久住忠男、立木義浩、柴門ふみ、竹宮恵子、三木武夫

強靱な精神力

徳島は県北の阿波と県南ではかなり性格が違う。県南部は穏やかで人がよく、まるい性格といわれる。見知らぬ人にはなかなか打ち解けないが、つきあっているうちに、しみじみその親切さがわかる。

県北の阿波地方は、表面的な人づきあいはいいが、なかなかしたたかな一面もあるようだ。「前がやうぉうて（柔らかくて）、裏が冷たい」といういい方があるほどで、見か

けのわりにはずるいところもある。

徳島県では「へらこい」という方言がよく使われる。「ずるい、狡猾な、ぬけめがない」という意味合いなのだが、徳島の県民性は勤勉で実利性に富む。そしてかなり「へらこい」のである。また他人の足を引っ張るのが特徴だともよく言われる。

こういう性格は、江戸時代の藍《あい》産業から始まったといわれる。阿波には全国からの藍商人が集まり、藍をつくる農民や、扱う商人のなかにはひと財産をなした者もいたというが、もともと貧富の差の激しい土地柄に商売が絡んで、どこか屈折した性格がつくられたのかもしれない。

徳島と言えば「阿波踊り」で有名だが、このきわめてユニークな踊りが確立したのは江戸時代の文化・文政時代（一八〇四―三〇）だと推定されており、藍商人によって伝えられた上方の演劇の影響が極めて大きいと考えられる（徳島新聞社編『阿波おどり』徳島新聞社、一九八〇）。当時、藍商人が町で大いに栄え、潤沢な金で生活を楽しんだ結果として、阿波の城下町である徳島ではおのずから遊楽の巷が栄え、歌舞音曲のたぐいが発達して現在まで続いている。この阿波に有名な人形浄瑠璃が発達したのもこのためだし、三味線をひく人も多くなり、この風は現在も続いている。そして闊達に楽しむという気風が育った。そうした背景から、この踊りが生まれたといってよいだろう。なお「讃岐《さぬき》男に阿波女」と称されるように、ここには美人が多いと言われるが、これもまた阿波商人が全国各地の美人を連れてきたためである。

藍商人は自分たちのつくった藍を買い上げてくれる大事な客であり、地元に金をばらまくお得意さんでもあったので、阿波の人たちは他国者には親切だった。

しかし、藍商人も商売人である。ひと筋縄ではいかない。そういう、したたかさとつきあっているうちに、阿波の人たちの「裏が冷たい」性格がつくられたことになる。

競争心が強い一匹狼タイプ

俗に「東の長野か、西の徳島か」といういい方がある。何のことかといえば、公共事業の補償交渉だ。

長野県人の理屈っぽさはすでに書いたが、徳島の場合は別の意味で手こずる。長野は延々と議論が続くが、徳島は話し合いそのものがなかなか始まらない。隣人同士がいつまでも腹の探り合いをしているのだ。

ＮＨＫ放送文化研究所が行なった全国県民意識調査において、「政党や政治家が論議に時間をかけるよりも、強い指導者に国の政治をまかせたほうがよい」という意見に賛成という徳島の答えは、一九七八年には全国で最高、九六年には第三位であった。先にも書いたように、徳島では隣人同士が腹の探り合いをしていて、お互い同士の話し合いがなかなか始まらない。だから、自分たちで論議を重ねてものごとを決めてゆくのは、はなはだ不得手であり、それよりはむしろ誰か偉い指導者にすべてまかせてしまったほうがよいと考える人が多い。それでこんな調査結果が出たと解釈してよいのかもしれない。

だが同じ調査において「働くということはつらいことだ」という意見に同意する答えは九六年には最低から二番目で、働こうという意欲は全国でもトップクラスの域にあることがわかる。

前述したように、「一万円が手に入ったら、徳島の人はこりゃエエもとでができたといって、その金を何倍かに殖やして貯金する」と言われるのも、とにかく積極的に動こうという意欲が強いからだとも考えられる。

ビジネスの相手としては手強い

徳島県人の「へらこい」性格は、ビジネス社会ではどう活かされるのか、あるいはどう受け止められるのか、ちょっと興味深いものがある。

「前がやうぉうて裏が冷たい」という二面性も、考えようによっては金融や証券、保険業界といった顧客相手の仕事に向いている。笑顔だけでは仕事にならず、冷徹さもときには必要だからだ。

また、徳島県は〝大阪府徳島〟といった呼び方をされるほど、大阪経済の影響を受けている。その点でも、金銭感覚には抜かりがない。一万円が手に入ったら徳島県人はその金を何倍かに殖やして貯金すると言われるのも、こうした抜かりのない金銭感覚があるからだと考えてよいだろう。

香川県人

香川県出身の有名人：大平正芳、本田早苗、中西太、田尾安志、西村寿行、西村望、岸田秀、浪越徳治郎、松本明子、空海、平賀源内、菊池寛

飲み込みが早く機敏

香川県は有数の教育県である。女子の大学進学率は全国でもっとも高い部類に属し、県民の知的水準はかなり高い。

香川県民が教育熱心なのは、狭い土地に人間がひしめきあっている環境のせいでもある。どうしても京阪神に出て、そこでまた成功しなければならない。そのためには学歴が必要だ。香川県にいるあいだに教育投資をして、力をつけなければいけない。そうい

う考え方が、香川県人にはある。

県庁所在地の高松までは、県内のどんな地域からでも二時間以内に集まれる。教員の研修会などいつでも開けるから、思想統一や周知が素早くできる。学校差がない。それだけに個性も弱いことになるが、学校教育の環境としては恵まれていることになる。

ちなみに香川は幼児教育が盛んな県でもある。この熱心さが小中学校での成績につながっていて、県民性も、飲み込みが早くて機敏なものとなる。よくいえば進歩的で融通が利くほうだが、そのぶん、諦めも早い。

四国の玄関口だから、新しい情報や文化がどんどん入ってくる。人口密度が高いうえに、人材の流入も頻繁だから協調性も十分に育つ。要するに、万事にそつがないのだ。

逆境に立つともろい一面も

昔から「讃岐の猿まね」といわれてきた。ファッションでも文化でも、新しいものを消化するのが非常に早かった。そこからいわれだした言葉なのだが、これは独創性がないという欠点にもつながる。

香川にも「へらこい」といういい方がある。抜け目がないといったニュアンスだが、たしかに利にさとい県民性といえるだろう。しかし、ずるいといった感じはあまり受けない。温和な気質で、人なつっこい印象があるからだ。

そういう香川県人だから、ビジネス社会での立ち回りは鮮やかである。協調性もあるから、派閥の力関係を正確に見きわめながら主流に乗ることができるが、それでいて、あまり敵はつくらない。

ただ、香川県人には部下や同僚をグイグイ引っ張っていくたくましさが欠けている。反骨精神もあまりないから、一度、逆境に立つと案外にもろい。そのへんが、上司として見た場合には頼りなく感じるかもしれない。

仕事ぶりは飲み込みが早く、迅速である。一見、切れ者の印象をさえ与える。ただし粘りがないから、ここでも一度、壁にぶつかるともろい性格が出てしまう。スタートはいいが、詰めが甘いとでもいおうか。

しかし、ミスは少ない。ずば抜けた独創性やアイデアがない代わりに、どんな仕事でも無難にこなす器用な面がある。香川県人は大きな組織になればなるほど、持ち味を発揮する場が多くなる。

如才なく、接待上手

高松には主だった企業のほとんどが支社や営業所を構えている。香川県人はその意味では開放的であり、人づきあいがうまい。しかも「へらこい」に象徴されるような抜け目なさがあるから、接待にはうってつけの性格だといえよう。取引き先の意を汲むのに敏感だし、相手を喜ばせ、なおかつ仕事にもちゃんと結びつける。

ただ、恋愛対象として考えると、香川県の男性の場合には相手から物足りなく思われることがある。如才なく振る舞って、女性の気持ちにも心遣いをすることはするのだが、男として器が小さい印象を持たれやすい。「悪い人ではないが、いまいち踏み込めない」といった気持ちを持つ女性が多いという。頭もいいし性格も温和だが、個性や強引さに欠けるせいでもある。

なおこの県に属する瀬戸内の小さい島、小豆島《しょうどしま》は昭和二十九年に作られた「二十四の瞳」（木下恵介監督、高峰秀子主演、原作は壺井栄）の舞台となったところであり、そのために広く知られるようになって、観光客を多く集めるようになった。この物語は、昭和三年頃の島の小学校の女教師と一二人の生徒たちの暖かい交流を描いたものだが、他県の人々の抱く香川県人のイメージは、これによって作られている部分も少なくないと思われる。

愛媛県人

愛媛県出身の有名人：藤田元司、西本聖、大江健三郎、早坂暁、丹下健三、真鍋博、露口茂、林美智子、高見知佳、一遍、正岡子規、秋山真之

じわりと味わいのある人柄

愛媛県は四国四県のなかではなぜか目立たない県だ。維新の英雄を数多く生んだ高知県や、阿波踊りで全国的に有名な徳島県のように目玉となる強いイメージがないからだ。たとえば県庁所在地の松山市だが、『坊っちゃん』の舞台となったローカル都市のイメージがどうしても先に立ってしまう。四国を代表する都市といえば、玄関口となる高松市を思い浮かべることが多いが、実際には松山のほうがはるかに人口も多く、四国最

大の都市となっている。

この松山市のイメージが、よくも悪くも愛媛の県民性を象徴している。気候風土に恵まれておっとりした感じがあり、小金《こがね》が貯まると道後《どうご》温泉の近くに家を買って隠居するのが理想とされる土地柄だから、欲があるとはいえないようだ。

しかも松山は文人墨客《ぶんじんぼっかく》の町である。正岡子規や高浜虚子をはじめとして俳人や小説家がゾロゾロ出ている。和服を着る女性も多く、全体的に穏やかで開放的なところがある。

ただし、愛媛は大きく三つの地域に分けられる。今治《いまばり》、新居浜《にいはま》を中心とした東予、松山のある中予、西の宇和島を中心とした南予であり、それぞれに性格が少しずつ異なっている。ひとことでいえば、東予は活動型で中予は温和型、南予は陽気型とされている。

その南予にあたる宇和島周辺には、薩摩汁という名物料理がある。瀬戸内名産の小ダイを白焼きにして白味噌に混ぜ、骨とカツオブシでとったダシ汁に薄味を添えたものだ。これを麦飯にかけて食べる。口に入れた瞬間はどうということもない味で、むしろ物足りなく感じるほどだが、食べ終わったころにジワリとうまさが広がってくる。愛媛男はこの薩摩汁に似ているという。

おっとりとしてアクがなく、物足りない感じさえするが、次第に味わい深さが出てくる。淡白で個性に乏しいが、穏やかな魅力があるということである。

万事に「ほどほど主義」

全国の月賦販売業者のなかで、愛媛県人の占める割合はじつに九割を超えている。そもそも、月賦販売の生まれたのが今治だった。

かつて、愛媛には「お椀船《わんぶね》」と呼ばれる小さな船が江戸時代からあった。これにいろいろな商品を乗せて、瀬戸内海のあちこちを商売して回ったという。支払いは盆・暮れがふつうだったから、これが月賦販売のルーツとなったようだ。どこかのんびりしているが、誠実で堅実、なおかつアイデアに富んだ商法といえるだろう。

この「お椀船」に象徴されるように、愛媛県人には万事、ほどほどなところがある。頑張り屋ではあっても強欲ではないし、地味なようで新しい。

実際、愛媛県は全国でも有数の浪費県でありながら、貯蓄率も案外に高い。教育熱心だが、何がなんでもという猛烈型ではない。出世欲も同じで、愛媛の男は見事な「ほどほど主義」といえそうだ。

こういう性格だから、ビジネスマンとしてもちょっととらえにくい雰囲気がある。人あたりは柔らかいが、どこか芯がない。かといって、仕事に不熱心というのでもない。アイデアマンでもあるし、堅実な面もある。それなのに、頑張り屋というふうには見えない。よくいえば余力があるし、悪くいえば手抜きに見えてくる。

こう書いてくると、愛媛の男には大人の余裕があるように思われるが、少しおっちょこちょいなところがあるのも見逃せない。

「伊予の駆け出し」という言葉がある。四国一帯では昔からいわれている言葉だ。何かあると、半分聞いただけで興奮して駆け出すことを意味する。駆け出したはいいが、何をしていいのか、どこへ行っていいのかわからない。いささかおっちょこちょいな、慌て者を表現する言葉だ。愛媛の男にはそういう可愛らしいところがある。

自由業向きの一匹狼タイプ

愛媛県人の「ほどほど主義」というのは、見方を変えればスマートで都会的でさえある。集団で動く泥臭さを嫌い、仕事はそこそこにこなすが、本質的には反集団的な一匹狼タイプが多い。

したがって、企業のなかで才智を働かせるよりは、アイデアひとつで世間を渡っていく自由業のほうが向いている。松山を中心とする中予に俳人が多く生まれているのも、柔軟な発想を身につけた愛媛県人ならではのことだろう。

これが今治周辺の東予となると、少し事情が変わってくる。新居浜には古くから別子《べっし》銅山があり、明治になると大阪の住友財閥が入ってくる。今治はもともと瀬戸内海航路の拠点として商業が発達していたし、東予は全体に大阪商人の合理的な考え方が浸透していた。

残る南予は平野が少なかったために工業も発達せず、ローカル色豊かな人情味の厚い性格となっている。黒潮の影響で年中、暖かく、どちらかといえば九州人に見られる情熱性があって、おおらかで豪放な気性である。

愛媛の県民性は以上の三地域に分けられるが、恵まれた気候風土から全体におっとりとしているのは間違いない。温和な性格なのだが、西日本の県にしては人見知りする面もある。つまり平穏で穏やかな生活を望む気持ちが強いのだ。

アイデア豊富、センスもいい

愛媛県には日本一と名のつくものが結構多い。養殖ブリ、養殖真珠、ミカン、イヨカン、キウイフルーツ。いずれもコツコツと努力して収穫を伸ばしてきたものだ。

その意味では、愛媛県人は穏やかな性格のわりに努力型でもある。ところがビジネスの世界では、この努力がほどほどのところで打ち切られることが多い。ある程度の収入と地位を確保すると、それでよしと満足してしまう。

なおNHK放送文化研究所が一九七八年に行なった全国県民意識調査において「おだやかで変化のない生活がしたい」「地元の行事や祭りには積極的に参加したい」「夫婦の間以外の性的関係はどうしても許せない」という意見はいずれも愛媛が最高であった。しかし一九九六年の調査では、それぞれ一一位、二四位、五位となっているのであって、この変化はどうして起ったのかが気になってくる。人口の移動はあまりないので、山口県の場合と同じく、若い世代における意識の変化を考えることが出来るかと思う。

高知県人

高知県出身の有名人：樫尾忠雄、須藤豊、江本孟紀、鹿取義隆、安岡章太郎、宮尾登美子、倉橋由美子、黒鉄ヒロシ、はらたいら、高松英郎、広末涼子、坂本竜馬

白黒をはっきりさせたがる

土佐といえば「いごっそう」となる。この「いごっそう」とは『新・人国記』（朝日新聞社）によると、「がんこで一徹、一度こうと思い込んだら、はたからなんといおうとも金輪際耳をかそうとはしない、土佐人の代表的な性格」とある。

さらに思いつくままに言葉を挙げてみると、わがまま、負けず嫌い、つむじ曲がり、片意地、偏屈、横紙破り、傲岸不遜といった文字が並ぶ。

土佐といえばもうひとつ、大酒飲みが挙げられる。高知では男も女も大酒を飲む。作家の司馬遼太郎は「土佐の女と酒」という一文のなかでこう書いている。

「『仲居さん募集』などと、飲み屋街を歩くと、店先にそんな紙がぶらさがっているが、ときに、『ただし五合以上飲める人』などという条件がついていたりする。土佐は女でも大したものだと思う」

高知に伝わる有名なはなしだが、昔、土佐藩主・山内容堂が、藩士たちの集ったところで、「一升飲める者は前へ出よ」と言ったところ、誰も前に出る者がない。それで「二升飲める者は」と言ったところ、いっせいに一歩前進したという。

たしかに高知県人は男女を問わず酒が好きだ。しかも高知の場合、単なる酒好きではなく、他人に出された酒を気持ちよく受けなければ人間関係が成立しないという事情もあるようだ。飲めない体質の者には非常につらいが、高知の人間は酒の道の修練を大事にする。

けれども、高知県人の県民性を考えた場合、いちばん際だっているのは白黒をはっきりさせたがるということであろう。中間の妥協は許さず、曖昧なままの状態は我慢がならない性格なのだ。

明治維新では過激な尊皇攘夷運動となり、戦後はもっともラジカルな日教組が生まれた。一方では、二月十一日に日の丸を揚げ、戦時中を再現するような式典をずっと続けていた「日の丸校長」が誕生している。

高知県は人口のわりに弁護士の数が多い。もめ事が起こると、双方譲らないままに法廷に持ち込まれるからだといわれるし、離婚率が昭和二十五年から四十二年まで、全国一位となっていたのもその性格が原因だった。

やるときにはやる

高知県人は豪快でかつ、飛躍に富んだところがある。坂本竜馬も板垣退助も、中江兆民も幸徳秋水もみんな高知出身である。明治維新の立役者から自由民権運動の祖、無政府主義者までがごちゃまぜになっている。

これも白黒をはっきりさせたがる「いごっそう」の性質が表出したものといえる。古い習慣を守り通すかと思えば斬新なことを考える。筋の通らないことには見向きもしないが、筋が通るなら損をしてもやる。

しかし、こういった傾向は移り気と紙一重でもある。こうと決めると、とことんやりぬく頑張りはあるが、気の乗らないことには見向きもしない。

つまり、おおらかさの裏側にルーズさと無神経さが同居しているのが高知県人でもある。緻密な計画を立てて実行するより、直観的に処理する傾向がある。

高知県出身の作家・宮尾登美子は、かつて朝日新聞でこんな意味のことを書いていた。

「土佐の男はたいへん、怠け者だ。博打好きで、地道なことが嫌いで、いい意味ではそれが、坂本竜馬のようなスケールの大きなタイプの男に実ったんだと思う」

たしかに、土佐の男はあまり働かない。やるときはやるのだが、ムラがありすぎる。

強情だがおおらか

高知の人間は組織のなかでは出世しないというのが定評になっている。白黒をはっきりさせないと気がすまない性格だから、それもある程度、やむを得ないだろう。

しかも高知県人は、同郷人といえども妥協しない。群れをなして団結するということがない。東京や大阪に出て成功した高知県人でも、故郷の人間を自分のところには呼び込まない。おれだってひとりでやってきたんだから、おまえもひとりでやれという冷淡な態度を取る。

したがって、組織になじまないだけでなく、自分で組織をつくることも無器用だ。どちらかといえば、一匹狼の自由業タイプとなる。

こういう高知県人とつきあうには、まず曖昧な態度や表現は避けることだ。意見がぶつかるならぶつかるでもいいから、はっきりした立場を示す。当然、議論になるだろう。そうなったらとことん話し合うしかない。

高知県人の議論好きは有名で、前出の司馬遼太郎によれば、「犬が利口か、猫が利口か」で延々、議論している光景を酒場で目撃したそうだ。高知県人は議論を肴《さかな》に酒を飲むともいわれている。

ただし、いくら議論しても妥協は許さない高知県人だから、話が物別れに終わることも多いが、それはそんなに気にすることはない。強情ではあってもおおらかな性格だから、表面では納得しなくとも筋道の通った話ならちゃんと従う。

ただ、部下としては頑固で融通が利かないだけにやりにくいこともあろう。高知県人にはもうひとつの特徴として、反権威性が挙げられるからだ。

接待は決してうまくない

NHK放送文化研究所が一九九六年に行なった全国県民意識調査において「自分の親〔父（回答者が男の人）・母（回答者が女の人）〕を手本に生きてゆきたいと思いますか」の問に対する「いいえ」という否定の答えは高知が全国最高であった。また「年上の人のいうことには、自分をおさえても従うほうがよいと思いますか」「本来自分が主張すべきことがあっても、自分の立場が不利になる時はだまっていることが多いですか」の問に対する否定の答えはそれぞれ第四位と第二位であった。親や年上の人に、おとなしく従うのはまっぴら御免！　自分の主張すべきことは、あくまでも主張して、決して妥協はしないという高知県人の特色がよくあらわれている。

計画性も決してあるほうではない。気分が乗れば熱中するが、興味のないものには見向きもしないという面がある。

恋愛もどちらかというと下手

「いごっそう」と並び称されるのが土佐の「はちきん」だ。働き者でバイタリティーのある土佐女性をあらわした言葉だが、怠け者の男に比べてとにかく高知の女性はやり手が多い。

前出の宮尾登美子は同じコラムのなかでさらにこう書いている。

「土佐の女性はまず強いですね。働くことも遊ぶことも好きで、後ろをあまり振り返らない。前ばかり向いてどんどん進んでいく。だから、亭主がかりに蒸発しても、自分で子供を立派に育てていくのが土佐女のタイプです」

高知県の離婚率がかつて日本一だったと書いたが、その原因はどうやら、「いごっそう」の頑固さと「はちきん」のたくましさにあるようだ。そして、こんな高知の県民性が数多くの歴史上の人物が輩出した理由でもあるのだから、不思議な魅力を秘めた県といえる。

九州地方
の人柄診断

九州全般の人柄

四国人、四国男子といった言葉はないが、九州人、九州男子という言葉はよく使われる。つまり九州は県を越えた連帯意識が非常に強いことになる。

その原因としてよくいわれるのは自然環境の荒々しさだ。暖かいと思うと突然に寒くなり、台風は頻繁に襲ってくる。しかもたくさんの火山があり、いつもどこかで火を噴いている。そういった風土が九州をひとつにまとめているとする見方だが、それに対して、むしろ大事なのは九州の占める地理的位置であって、日本の西南の端にあるため、古代から現代に至るまで、ずっと一貫して外国文明の玄関口の役を果たしてきた。日本のなかでもっとも早く、もっとも新しいものをつねに取り入れてきた点が重要なのだという指摘もある。

つまりそういう歴史から、九州の持つ開放性と進取性が生まれたのだが、なぜか九州は玄関口でしかなかった。導入した諸文化が中央に達して開花するのを、九州はいつも見続けてきた。そこから中央文化へのコンプレックスと事大主義が生まれ、団結性へとつながったというのである。

九州といえば、かつては日本の軍隊のなかでも勇猛でもって知られ、いまでも自衛隊や防衛大学校に大勢の志願者が集まる。これも九州男子の持つ団結性と関係してくるし、タテの人間関係のなかで批判能力や慎重に考える気性があまり発達せず、さっと行動に移る特性が表に出たためかもしれない。

心理学者で催眠療法の専門家・成瀬悟策は、ある対談でこんなことを話している。

「東京でやっても催眠療法はなかなか効かない場合があるのに、九州ではすぐに催眠術がかかる。実によく効いて、母親に寝かし付けられる赤ん坊のように眠りに入る人が多い。人間関係が母と赤ん坊のようにベトベトしているからだろう」

というのだが、たいへんに興味深い指摘だといっていい。

もうひとつ、九州の特色を述べると、芸能界に進む人間が非常に多いということだろう。たとえば紅白歌合戦出場者に占める九州出身者の数は、他の地域を圧倒している。

地元の西日本新聞は、なぜ九州では芸能人が多いかをしばしば論じている。それによると、「石橋を叩いて渡る」などとは正反対で、とにかく突っ走る、あまりくよくよせずに、何でも乗り越えて前進するからだ、という九州人タレントの言葉が紹介されているが、たしかにそういった傾向はあると思われる。それに加えて、九州人の連帯意識は極めて強いので、別に同じ県の先輩ではなくても、九州出身の先輩がいさえすれば、

「同じ九州人の気楽さ」でそこへとびこんでくるというのではないかと推測されるのだ。

福岡県人

福岡県出身の有名人：楢崎弥之助、仰木彬、松永浩美、真弓明信、中野浩一、田村亮子、舛添要一、松本清張、五木寛之、つかこうへい、赤川次郎、夢野久作、松本零士、高倉健、千葉真一、タモリ、武田鉄矢、中尾ミエ、井上陽水、郷ひろみ、小柳ルミ子、松田聖子、陣内孝則、富田靖子、酒井法子、森口博子、貝原益軒、北原白秋

おおらかで開放的な都市型性格

九州最北端のこの県は、古代以来、博多の港を中心にして発達した。博多を中心として、常に大陸からの文物の移入口となってきたこの地には、まさに大陸への思いが根付

いている。この福岡こそは、大陸の文明につながる玄関口なんだという大きな誇りと、さらには海の彼方にひろがるさまざまな文化への憧れもあった。

ここの黒田（福岡）藩には大藩という誇りがあり、ここに生まれたのが有名な「黒田節」であって、現在でも宴席で歌われることが多いが、もともとは黒田藩士の作であり「酒は呑め呑め、呑むならば、日の本《もと》一のこの槍を、呑みとるほどに呑むならば、これぞまことの黒田武士」と言うものであって、黒田藩の誇りと強い気概から出来上がったものであろう。実を言うと、九州男児といったイメージはどうもこの黒田武士から出来上がったものらしいという声が強い。薩摩隼人、肥後もっこす、肥前葉隠等々といっても、いささか屈折しているところもあり、九州男児のイメージにピッタリするのはこの黒田武士なのだ。

福岡市の東半分の博多部分は、中世から栄えた港町であるが、開放的で、来る人を拒まず、去る人を追わずという風が強い。他国者を疎まず、人見知りもしない。反面、東京や大阪などの大都市に出た県民の郷土意識はあまり強くないようで、また博多町民の祭りも派手で男性的でありながら、あまりねちねちしないのであって、やはり黒田武士と相通ずる気質をみることができる。しかし「博多っ子」と呼ばれるひとたちには京都的な性格もあって、愛想のよさとは全く逆に、底意地の悪さも持っており、それが他の地域の人々から嫌われる原因となっているのだとも言われる。

なおこの県のなかの筑豊炭田は、明治以降の筑豊地帯に開発され、終戦後まで活況を呈していた。ここに全九州から労働者が集り、各地の気風が混交したのである。なにしろここの労働は明日をも知れぬ危険と隣り合わせの世界で、けんかや、ばくちはつきものだった。こうしてここには「川筋気質」と呼ばれる力と任俠の世界が生れ、義理と人情の強い所だが、現在の北九州市のあたり一帯も、同質の雰囲気が支配している。少し古くなったが、映画「無法松の一生」のモデルである、富島松五郎はいまの北九州市にある小倉の出身だし、火野葦平の小説『花と龍』の舞台は同じく北九州市の若松だった。

明治のなかばまでは単なる寒村に過ぎなかったこの町は、明治三十年代始め、筑豊炭田を背景として、全国一の石炭積出港にのしあがり、石炭仲仕とヤクザがドッと流れ込んで、まさに西部劇の町と化したのである。ピストルとドスの血なまぐさい乱闘騒ぎがあちこちで続き、ここに「北九州気質」と呼ばれるものが生れた。この北九州気質と言うのは、気性は荒いが、楽天的で、どんなときでも陽気さを失わない、おおらかなところが特徴である。どちらかと言えば浪費型が多く、他人におごるのが大好きで、「衣」や「住」よりも「食」に金を使うタイプだと言われる。

博多の人の誉め言葉は悪口

福岡県は古くから海外との交流があったし、西日本における政治、経済の中心として、栄えてきた。この歴史が時流に敏感で、進取の気性に富んだ県民性を育ててきたことになる。

県民の性格は淡白で、ネチネチしたところがない。排他性も少なく、福岡市などは転勤で移り住むビジネスマンにとって、きわめて住みやすい都市といわれている。

しかし、都会型だけにいくぶん冷淡なところもあり、たとえば面と向かって博多の人が誉めたら大変な悪口をいっていると解釈したほうがいい。その意味では、いくらか京都に似ているところがある。

博多っ子には案外、ケチなところもある。見栄っ張りでもあり、衣服に金をかけるわりには食事はつましい。

また、東京の支店や営業所が集中しているせいか、ファッションやディスプレイ、インテリアなどは少しでも東京の流行を取り入れようとする。ショッピングの行動も東京型で、ぶらぶら見て回る人のほうが多い。

つまり、福岡県人の県民性は、およそ福岡周辺に関しては東京のような都会人とあまり変わりがないことになる。

不満ははっきりいう

福岡県人は権威主義的なものの考え方には反発する。これも都市型性格のひとつには違いないが、隣県の佐賀や熊本、あるいは山口と比べるとかなり自己主張が強い。

先に九州人のイメージの全体像を述べたが、福岡県は九州のなかではタテ社会の度合いが薄い地域だといえそうだ。

ビジネス社会で福岡県人の県民性を考えると、新しいものを抵抗なく受け入れる性格や開放性が、きわめて明るいイメージをつくり出す。しかし見かけのわりに意地の悪いところもあるので、額面通りに受け取ってはいけない。

以上は福岡市周辺出身者の場合だが、すでに触れたように筑豊や北九州出身者にはいくぶんローカルな県民性が残されているから、博多っ子より個性的な感じがする。

佐賀県人

佐賀県出身の有名人：山下徳夫、辻発彦、戸川幸夫、北方謙三、村田英雄、大隈重信、鍋島直茂、水野忠邦、江藤新平、孫正義

葉隠と「ふうけもん」

佐賀と言えば、ある年代以上の方々はだれでも有名な『葉隠』を思いだすだろうし、続いて、これまた年齢が限られるのかも知れないが、夏の映画によく登場した「鍋島藩化け猫騒動」を思い浮べる。『葉隠』とは一八世紀の始め、佐賀藩士・山本常朝の口述を、田代陣基《つらもと》が筆録したもので、鍋島家の初期の頃の気風や行状を述べて、武士の生きかたの教訓を与えようと言うのが目的であった。鍋島家への奉公を人生の第一の目的と

し、主君への忠誠のなかに安心立命の境地を見出そうとするもので、「武士道と云《いう》は死ぬ事と見付けたり」という冒頭の部分のことばが特によく知られている。

鍋島藩ではこの本が、精神教育の経典として重んぜられ、「鍋島論語」とまで言われ、幕末まで人々の心に大きな影響を及ぼしていた。戦時中の佐賀県人は中学では、この『葉隠』の一節を毎朝、全員で唱えさせられたという。なお戦時中はこの『葉隠』が全国の中学の教科書にも載っていたから、ある年代以上のひとたちには、大変懐かしい名前なのだ。

戦後はこの『葉隠』が教科書にも載らなくなったので、ある年代以下の人はだれもこの名を知らないようだが、それでは本家本元の佐賀ではどうかと佐賀駅に降り立って見ると、青年は全く無関心で（三島由紀夫事件のあとでは一部で大いに熱がたかまったと聞いたが）、古本屋では『葉隠』の古本がほこりをかぶっていた。「化け猫騒動」にいたっては年齢に関係なく、ほとんど関心がない。よそから訪ねてきた人たちのほうは、映画やテレビ等のお蔭で、『葉隠』より以上に、興味を持っているのだが、この話には土地の人々はあまり興味を示そうともしないのだ。

さてこの『葉隠』の内容は、あくまでも武士としての理想を示したもので、現実のことではない。しかしこうしたものが出たと言うことは、佐賀の県民性の基盤にあるものを考える上に非常に役に立つように思われる。

すなわち、まず佐賀の県民性を語る方言として「ふうけもん」「いひゅうもん」ということばがある。どちらもバカ、アホウ、変人、一徹者を意味する。要するに、角があってつきあいにくい人間、頑固一徹で融通のきかない人間をさしている。『葉隠』の著者である山本常朝なども、案外この部に属していたようにも感じられる。

コツコツタイプの仕事人間

佐賀県人には一種の精神的スタイリストが多いといわれる。外に対しては礼儀正しくて道徳的なのだが、内面は案外、利己的で、他人の不幸を喜ぶ傾向さえある。

ただ、これも唐津側と佐賀側では開きがあり、ストイックな佐賀県人の性格は一般に南（佐賀側）に行くほど強くなるようだ。

「化け猫騒動」で知られる佐賀鍋島藩は、徳川三〇〇年の間、厳しい鎖国制をとっていた。外を見るのも許されないし、外からの批判も拒むという、鎖国のなかの鎖国制だったのだ。そのために、佐賀県人はいまでも「内に強くて外に弱い」といわれる。社交性やおおらかさに欠け、つねに自分と向き合うような息苦しさが残っているのである。

こんな県民性ではあるが、持ち前の几帳面さで仕事にはまじめに取り組む。現在もなお、男性の実労働時間数（月間）が全国一位となっているのも、おそらくこの几帳面さが原因なのだろう。他県人には満足でも、佐賀県人にはまだ不満足な場合があるからだ。組織のなかでも、礼儀正しい佐賀県人は堅物のイメージに映るだろう。ストイックにコツコツやり通す。融通が利かない性格でもあるから、切れ者とかスマートなイメージは持たれないが、堅実で頼りになる。大きなミスも少ない。ただ、いかにもまじめすぎる。佐賀県出身者が、明治以降、司法界に数多く進んだのもこういった性格によるものであろう。このまじめさが、ときには佐賀県人の破綻の原因となることもある。あまりにも自分を追い詰めすぎるからだ。

恋愛よりも見合向き

佐賀県人は感情表現や愛情表現が下手であり、そのためにどうしても恋愛では後れを取ることになる。

しかし、一度打ち解けると意外にきめ細かい愛情を示す。気心の知れた相手に対しては、佐賀県人のストイックさが薄れるからかもしれない。

ただ、封建的な土地柄だから恋愛に対する考えそのものが非常に古めかしい。周囲の意向をかなり気にするので、むしろ見合向きというべきだろう。

長崎県人

長崎県出身の有名人：西岡武夫、香田勲男、佐藤正午、村上龍、立花隆、野田秀樹、堀田かつひこ、美輪明宏、前川清、さだまさし、原田知世、役所広司

陽気で遊び好きだが考え込む性質

長崎には年中、いろいろな祭りがある。盂蘭盆《うらぼん》と御九日《おくんち》は有名だが、そのほかにも地域ごとのさまざまな祭りがいつもどこかで行なわれている。

長崎の県民性をただひとことでいえば、開放性に尽きる。江戸三〇〇年の鎖国政策のなかで、唯一、内外の諸国に自由な窓が開かれた町だから、その閉鎖性のなさが性格形成に大きく影響している。

長崎は幕府の直轄地でありながら、反幕府運動がなかば公然と行なわれていた。長崎町民は佐幕でも勤皇でもなく、市民であったといわれている。この市民的開放性が、長崎の県民性のいちばんの特徴といえるだろう。

ただ、入り組んだ海岸線と六〇〇にも及ぶ島々が、長崎県民の性格に多様性を与えているので、ひとまとめに県民性をいいあらわすのは難しい。

長崎は昔から、軍人よりも芸術家や経済人が目立つ土地柄といわれてきた。長崎県出身の小説家や画家、音楽家はたしかに多く、その点でも開放的な性格を示しているが、明るさのなかにどこか考え込む性質もあるようだ。

かなり人見知りする

長崎といえばとにかく明るくてハイカラなイメージが浮かぶが、じつはかなり人見知りする県民性でもある。

NHK放送文化研究所が一九七八年に行なった全国県民意識調査において「はじめての人に会うのは、気が重いほうですか」の問に対して県民の肯定の答えは全国第二位であった（一位は青森）。

一般に九州人は外向的な印象を持たれるが、なぜか人見知りする傾向がある。長崎県は特にそれが強いようで、少し意外な感じを受ける。

もうひとつ長崎の県民性の特徴となっているのは宗教心のあついこと。同じ調査で「神でも仏でも、何か心のよりどころになるものがほしいですか」という問に対する肯定の答えは全国で最高だった。そして「神様や仏様に願いごとをすると、なんとなくかなえてくれそうな気がする」は全国で第三位。また死後の世界を信ずる人も同じく第三位の多さだった。

これは、古くからキリスト教になじんだ土地柄のせいでもあるが、仏教もふくめて、長崎県民には伝統的な宗教観があるようだ。人間関係や金銭感覚、倫理観にも保守的な心情が反映されており、その点では隣接する熊本や佐賀と非常によく似ている。

生活をゆったり楽しむ

長崎を歩いてみると、なによりまず、中華料理店をはじめとした飲食店の多さに気がつく。江戸以前からすでに、長崎は外国の珍味の入り口として知られていた。この地が日本の食物史上に占める割合は大きい。

ここで特に知られているのが「長崎チャンポン」。めん類に肉、貝、野菜などを加えていっしょに煮た中華料理風の郷土料理が長崎チャンポンであり、全国に広がりつつある。

長崎には食生活を楽しむムードがあるが、食だけでなく、とにかく生活全体をゆったりと楽しもうとする。よくいえば余裕があるが、見方によってはおっとりとして、積極性に欠けるきらいがある。

ビジネスマンとして見た場合、開放的な長崎県民はどんな職場や職種にもすんなり融け込めるようだ。環境への適応能力はすばらしい。そして、仕事人間というよりは趣味人間といった印象を与える。そこそこ仕事はこなすが、遊びや趣味にもバランスよく時間を割くように思われる。

長崎女性もかなり開放的である。貿易や商工業などで女性の経済的な収入が比較的、多かったからであろう。社会的発言力も男性に比べて見劣りしない。男も女も、長崎県人には伸び伸びとしたところがあるように思われる。

熊本県人

熊本県出身の有名人：坂田道太、細川護熙、磯田一郎、川上哲治、古葉竹識、秋山幸二、山下泰裕、野田知佑、中山千夏、水前寺清子、八代亜紀、石川さゆり、宮崎美子、笠智衆、井上毅、北里柴三郎

頑固者の「肥後もっこす」

「肥後もっこす」といえば、土佐の「いごっそう」と並んで頑固者のイメージが強い。しかし、太平洋の荒波が押し寄せる高知と、天草諸島が浮かぶ内海に面した熊本では、同じ頑固者でもニュアンスが微妙に違っているようだ。

もっこすには、なんとなく体制に逆らいたい、人が右といえば左といいたい、といっ

たユーモラスな一面がある。

県民性にもいくぶん陰があって、地味でじっくり考えるタイプが多い。だから、他人のいったことはそのまま鵜呑《うの》みにせず、まず自分でたしかめてその是非を見分け、それから行動に移すところがある。

熊本県人は概して人がよく、根は親切なのだが、態度ががさつで口下手なところがある。好意を悪態で表現する傾向がある。しかも、よそ者を受け入れない風潮がいまだに残っている。そういった県民性も、もっこすにひと役買っているようだ。

古い言葉に「薩摩の大提灯、肥後の鍬形《くわがた》」というのがある。

薩摩の人は先頭に立つものが大きな提灯をぶら下げ、後輩がゾロゾロそれに従っていくという意味だ。これに対して、肥後の人はひとりひとりが鍬形の兜《かぶと》をかぶっている。つまり、みんなが大将気取りだからなかなかまとまらないという意味である。

「肥後の議論倒れ」というのもある。これも同じような意味で、全員が「おれが、おれが」と主張するためにいつまでたっても話がまとまらない。議論のための議論で終わってしまう。幕末に、肥後勤皇党決起を促すためにやってきた清河八郎が、議論倒れの肥後人に愛想をつかして去っていった話は有名である。

あれこれ例を挙げていくと、肥後もっこすにはどうも、なかなかのややこしさがあるようだ。

納得しないととりかからない

薩摩と肥後のたとえ話にはこんなものもある。

「籠《かご》に乗ったら下ろされるまで黙っているのが薩摩の侍。乗ってからも『この籠はどこに行くのか』とかならず確認するのが肥後の侍」

つまり熊本県人は豪放に見えても案外、神経質で器量が小さいというのだ。しかも、頑固で大将気取りのくせに口下手だから、他県の人から誤解されやすい。春霞《はるがすみ》のようにボーッとして見え、何を考えているのかわからないというのである。

そういう県民性だから、出世度はあまり高くない。旧日本軍の時代にも「肥後の中将《ちゆうじよう》」という言葉があり、熊本県人は出世しても中将どまりで、大将にはなれないといわれたほどだった。

部下としても、熊本県人は扱いにくい。「やれ」と命令されて、「はい」と二つ返事でOKするようなことはまずない。納得できる説明がないかぎりやろうとしない。

おまけに権力にはこびないし、若いなりに信念を持っている。それでいて口下手だから、ちょっとつかみ所がないのである。

もちろん、熊本県人を上司に持っても悩みは同じである。部下の意見にはそう簡単に耳を貸さないし、組織のなかでも孤立しやすいからあまり頼りにできない。どうも熊本県人はサラリーマンより自営業のほうが向いているといえそうだ。

昔からのしきたりは尊重

県民意識調査の結果では、熊本県人にははっきりした特徴があらわれている。

NHK放送文化研究所が一九七八年に行なった全国県民意識調査のなかで「ふだんの生活はできるだけ切りつめて、お金や財産を残したい」「昔からあるしきたりは尊重すべきだ」「神様や仏様に願いごとをすると、なんとなくかなえてくれそうな気がする」と言う意見を肯定する人の数はいずれも全国一であった。また九六年の調査では「神でも仏でも、何か心のよりどころになるものがほしいですか」に対する肯定の答えは全国一であり、しきたりを大事に尊重し、神仏を信じて、生活は質素にして貯蓄を目標にするという熊本県人の特徴がよくわかる。

なお七八年の調査では、「天皇は尊敬すべき存在だと思いますか」の問に対して「イエス」と肯定した人の比率も山口県と並んで一位であった。

熊本のこの伝統性と保守性は、県庁所在地である〝軍都〟熊本市に象徴されている。

明治の熊本鎮台にはじまって、旧陸軍時代は日本最強といわれた第六師団、第二三師団があり、戦後も米軍、自衛隊が引き続き駐屯してきた。文字通りの軍都である。

しかも役人が多く、上意下達の精神が行き渡っている。当然、保守的になる。昭和四十年代の学生運動が盛んだったころは、活動家学生の演説にはかならず、「軍都熊本を粉砕せよ」という言葉が聞かれた。

いまでも熊本市民の間には、自衛隊アレルギーがまったく見られない。募集してもなかなか隊員の集まらない自衛隊だが、熊本県では募集に困ったことがないという。

以上のようなことをまとめ合わせて考えると、保守的でかつ個人主義的な熊本県人の県民性が浮き上がってくる。

意外や、恋愛上手

県民性はつねに複雑なもので、ひとつの県をひとつの言葉でいいくるめることは不可能に近い。熊本の場合も同じで、いままで述べてきたことと矛盾するような特徴も見られる。それは、ファッションだ。

私が初めて熊本を訪ねたときに感じたのは、ファッション関係の店が非常に多いということであった。およそ「軍都」のイメージから想像もつかないほど婦人服やアクセサリーの店が多く並んでいる。長崎を〝食の街〟とすれば、熊本は〝衣の街〟だと思った。

　これは私だけの印象ではないようで、最近の雑誌には東京のある有名なファッション専門店のこんな談話が紹介されている。

「修学旅行のシーズンになると、店の前にバスが止まったのかと思うくらい、大勢の高校生がやってくるが、とくに多いのが熊本の生徒だ。驚いたことに、全員、学生服の下に輸入もののシャツを着て、輸入もののスニーカーを履いている」

　ファッション性が豊かということは、女性が活発であることをも示している。事実、熊本の女性は大宅壮一に「猛婦」と命名されたほど強い。もっこすにも引けを取らない。

　だから、熊本女性に恋した場合は、保守的な県民性だから女はおとなしいという先入観は持たないほうがいい。心のなかにあることはどんどん吐き出してくるし、男の優柔不断な態度も嫌われてしまう。

大分県人

大分県出身の有名人：双葉山、宗茂、宗猛、岡崎郁、大島康徳、磯崎新、高山辰雄、筑紫哲也、古手川祐子、麻丘めぐみ、南こうせつ、山下久美子、福沢諭吉

ぶっきらぼうだが、実直な人柄

大分の県民性はつかみにくい。

たとえば「赤猫根性」という言葉が大分には伝わっている。偏狭で、利己的で、ケチで、がめつくて、協調性がないということだが、その意味ではたしかに大分県民は仲間同士の足の引っ張りあいが激しいようだ。

こういう例を挙げる人がいる。

「中学には汽車で通っていた。駅に止まって仲間がひとり降りると、残った連中のなかからいま降りたひとりに対して『あいつは腹黒いやつだ』と声が上がる。次の駅でひとり降りると、残った連中がまたその人の悪口をいう。あとで聞くと、ここは数多くの小藩が分立していて駅が変わるごとに藩が違う。だから、他藩の人間に対して非常に閉鎖的で、互いに悪口をいい合うところがあったのである」

たしかに大分は小藩が入り乱れていた。橋ひとつ越せばよその国というので、領主も領民も排他的、閉鎖的になったようだ。

こうした特徴が現在まで残っているせいか、大分の男はひとりよがりの傾向がある。初対面ではあまり感情をあらわさない。

話す言葉もぶっきらぼうで、気分を害されてしまうことがあるが、ちょうど不細工な果物と同じで、見てくれは悪いがなかには甘い実がぎっしり詰まっている。口下手だが、実直なのだ。

秘められた積極性で逆境を切り開く

大分県民の協調性のなさは、個人主義的な意識の裏返しでもある。地味で実直に見えても、内には積極性が秘められている。

一九七八年に行なわれたNHK放送文化研究所の全国県民意識調査において、「おだやかで変化のない生活がしたいと思いますか」という問に対して、肯定の答えは全国最低であった。

こういった性格は、瀬戸内海に向かって開けた地理的な条件も関係しているようだ。小藩分立という点も自主独立の気概を育てるし、そこに四国や中国、関西の商業主義的な合理性がプラスされてくる。

つまり、大分の県民性の特色は見かけ以上に進取の気性に富んでいる点だということになる。無愛想に見えても、腹の底には結構、野心が渦巻いているのだ。

ユーモア好きで、アイデアマンが多い

大分県の民話に「吉四六話《きっちょむばなし》」というのがある。ある村に吉四六という男がいた。あるとき庄屋から、いつもあわててものごとをするからしくじるのだと叱られ、火事が起きるや、まずひげをそり、裃《かみしも》を着けてから、ゆっくりした声で「庄屋さん、ただいま火事でござりまする」と呼び起こして、また叱られたという話である。頓智《とんち》の利いたユーモラスな話だが、これが昔から好まれてきたところを見ると、大分県民はユーモアを非常に愛するところもあるようだ。

大分県では十数年前から、一村一品運動というものが行なわれている。県内の村々が、何か一品、特産物を売り出して個性を伸ばそうというもので、一〇周年目にはロサンゼルスで初の国際フェアまで開くほどの成功を収めている。

これなどは、大分県民の隠れた積極性を行政がうまく引き出した好例といえるだろうが、チャンスにさえ恵まれれば意外な活躍を見せるのが大分県人だ。

したがって、ビジネスの世界では上司の育て方ひとつで大きく変身する可能性がある。口下手で無愛想な印象は否めないが、つきあってみると結構、積極性もあってユーモア好きで、きめの細かい面がわかる。

これは、大分県出身の上司を持った場合も同じである。最初はどうしても親しみにくい。九州男子の豪快さはあまり見られず、むしろ陰気で閉鎖的な感じさえする。けれども、こちらから飛び込んでいけばちゃんと応えてくれる。しかも部課内の結束を求める気持ちは強いから、一度、心を開くと親身になってアドバイスしてくれる。

ただ、大分県人にはねたみ根性も残されている。ちょっとしたことで疎外感を味わいやすい面がある。そのあたりを配慮しないと、「赤猫根性」が表に出てしまう。

大分では二世議員は育たないといわれる。これは、協調性に欠け、権威を嫌う体質のあらわれでもあるが、現状には安易に妥協しない積極性の証拠でもあるから、大分県民の強さが想像できる。「赤猫根性」が出たとしても、大分県人はきわめて逆境に強い体質だといえるだろう。

宮崎県人

宮崎県出身の有名人：西村徳文、田中幸雄、黒木和雄、山崎哲、永瀬正敏、緑魔子、斉藤慶子、今井美樹、小坂恭子、小村寿太郎、若山牧水

他人にうそをつかない正直者

宮崎県と言うと大抵の方々がすぐ思い浮かべるのは、次の二つのイメージであるに違いない。その第一はなによりも気候温暖で、新婚旅行のメッカであるということ。昭和三十年代後半から宮崎は新婚旅行ブームに沸くようになった。フェニックス並木の南国イメージが新婚旅行にふさわしかったからと思われる。こうして昭和四十七年には全国の新婚カップルの実に四分の一が宮崎を訪れた。但しその後、観光客は沖縄へ、また海

外へ向うようになり、宮崎への観光ブームは昭和四十七年以降、下り坂となる。

次に第二のイメージはここが神話のメッカであるということ。この県の旧名である日向は「日の出る方に向いている」という意味だが、日向と言えば誰でも思いだすのは「日向の高千穂の峰」で、ここへ天孫降臨が行なわれたという神話で知られている。但し天孫降臨が実際に行なわれたのは県の北西部にある現在の高千穂町だという説と霧島山系だという説が奈良・平安時代から並立していて、未だにはっきりしない。しかしいずれにせよこの宮崎には日本の建国に関連する神話や伝説が全国でも他に例のないほど多く存在しているのであり、まさに神話のメッカと言えるのだ。

またこの宮崎には約二二〇〇もの古墳が広く分布し、石器、土器も非常に多く発掘されているが、古墳のなかで最もよく知られているのは西都原《さいとばる》古墳群で、東西約三キロ、南北約四キロにわたって、三〇〇余の古墳が群集しており、上代文化の一大中心地であったことがわかる。

歴史時代に入ってからの宮崎には他藩との戦いや動乱がほとんどなかった。近世になって、しばしば一揆《いっき》は起こったが、概して平和な時代が続いてきた。それが、素朴で温和な県民性をつくったが、南国的な風土のわりには珍しく弱気で、中途半端なところがあるようだ。

もうひとつ、宮崎の県民性を挙げるとすれば、正直ということになる。NHK放送文化研究所が一九七八年に行なった全国県民意識調査において、「他人にウソをつくことは、どうしても許せない悪いことだと思いますか」という問に対して「ハイ」という答えは全国で第二位であった。また「お金というものは、しばしば人間を堕落させるきたないものだ」という意見に同意するという答えは全国最高。しかも九六年に行なった調査でもまた全国最高だったのだ。

ここでふと思い出されるのが、上杉鷹山《ようざん》だ。山形・米沢藩の名君として知られる鷹山は、倹約と正直をモットーとしていた。そしてこの鷹山こそ、宮崎・高鍋藩の直系だったのである。

その一方で、宮崎県民の消極性は「まあまあ主義」となってあらわれる。人間関係も含めて、ものごとにあまり波風を立てないように振る舞う宮崎県民は、人を出し抜いてまで先に立とうとする気持ちがない。どこか中途半端に見えるのもそのせいである。

宮崎には「いもがらぼくと」という民謡がある。里芋の茎を干してつくった木刀のことだが、いかにも頼りない宮崎男の代名詞ともいえるものだ。素直で正直だが、どこか物足りない感じが宮崎の県民性だといえるだろう。

他人に親切でのんびり屋

現代のような競争社会を嫌う宮崎県民は、むしろ人を助けるやさしさを持っている。親切なのだ。ただ、自分のこととなると実行力や集中力に欠けるきらいがある。

宮崎は九州には珍しく偏見のない県民性だ。農村部が多いわりには閉鎖的なところがなく、前述の全国県民意識調査（一九七八）で「仕事や生活の上で、新しいことを積極的にとり入れたいほうですか」の問に「ハイ」と言う答えは全国で第二位だった。そういう点では適応能力も優れているといえるだろう。

結局のところ、宮崎の県民性をまとめるとしたら、非排他的だが、消極的でひっこみ思案、そして楽天的ということになりそうだ。

情熱的でやさしい宮崎の女性

男性に比べて、宮崎の女性は評判がいい。そして宮崎の男性も女性を高く評価している。九州には珍しく、男尊女卑の考え方が弱い県でもある。

そういう土地柄で育った宮崎の女性は、男性に比べてかなり積極的な一面がある。自分の感情をストレートにぶつけてくる。恋愛関係になったときは、余計な駆け引きはしないほうがいいだろう。

男性はあくまで温和だ。しかし、弱気になったり消極的になったりする。性格が素朴なだけに、相手を信じやすいところがあるので、あまり恋愛上手とはいえないようだ。

鹿児島県人

鹿児島県出身の有名人‥二階堂進、稲盛和夫、霧島（現・陸奥親方）、寺尾、逆鉾（現・井筒親方）、定岡正二、北別府学、西郷輝彦、フランキー堺、吉田拓郎、長渕剛、坂上二郎、早乙女愛、高田みづえ、山崎浩子、西郷隆盛、大久保利通

強い郷土ナショナリズム

鹿児島は、九州のなかでもかなりクセのある県である。その県民性もいろいろないわれ方をするが、だいたいは「頑固一徹の無骨もの」と称される。

歴史的に見ると、鹿児島は鎌倉時代から明治維新までの七〇〇年間、島津氏の一党支

配が続いた。とくに江戸時代は、他藩との交流さえ好まない鎖国政策をとったから、郷土ナショナリズムが非常に強くなった。裏を返せば、それだけ排他的、閉鎖的だということになる。

鹿児島男をいうときによく使われるのが、「ぼっけ者《もん》」という言葉だ。ぼっけ者には、性根の据わった質実剛健の気性の持ち主と、短気で怒りっぽい者との二つの意味がある。

鹿児島県の土地は火山灰でやせており、収穫できるのはサツマイモや雑穀ばかりで稲作のできる田畑が少ない。そのために、昔からつねに貧しい県だった。これは現在でも同じで、一人あたりの県民所得は全国で下から三番目となっている。

この貧しさに耐えなければならない風土が、質実剛健の気風を生み出した。そして同時に、短気な性格も生まれたようだ。

また、鹿児島県人は保守的な性格が強い。男尊女卑の風潮はいまだに残っているし、郷土意識や仲間意識が強く、閉鎖的である。

さらにもうひとつの特徴として、強烈な上昇志向がある。貧しい土地柄だったからこそ、中央に憧れ、中央で名を成すのが鹿児島の男たちの夢だった。そのために、どこか空威張りの性格も残されている。

見る前に飛ぶ、一発勝負型

鹿児島県人がよく口にする言葉に、「なこかい、とぼかい、なくよか、ひっとべ」というのがある。難関に直面したとき、あれこれ考えるよりも、何はともあれやってみろという意味である。裏を返せば、計画性はあまりない。見る前に飛ぶ、一発勝負型ということになる。

これと似たような意味で、「いっぽぎっく」という言葉もある。「いっぽ」は一方、「ぎっく」はゴムのことだ。ゴムを両手で引っ張って、一方だけを放せば一直線に弾ける。つまり、一本気だが融通が利かない。それでもとにかく、やると決めたら頑固にやり通すところがある。

私の知っている鹿児島県人が、こんなことをいったことがある。

「私たち鹿児島の人間は、小さいころから義をいうなといって育てられた。つまり、理屈や弁解を一切許されず、不言実行をたたき込まれた。そのせいか、鹿児島県人は口下手が多い。しかし、馬鹿みたいにお人好しで、いざとなると腹を据えて立ち向かうところがある。内向的で、芯の強いのが薩摩気質のようだ」

たしかに鹿児島県人は情熱的で、論理よりも行動を重視する性格のようである。

こういった性格が、かつての軍隊では鹿児島県人の力を存分に発揮させることとなったようだ。明治初年から明治二十年代までは、正規の教育を受けないで海軍の将官や佐官になっていた者のなかで、薩摩出身者は非常に多い。日清戦争のときの日本海軍の最高幹部はほとんど薩摩人であった。

一度打ちとければ人情味がある

鹿児島の閉鎖性を示す言葉に「薩摩飛脚《びきやく》」というのがある。江戸時代に使われた言葉だが、いまでも『広辞苑』には載っている。薩摩へ走らされた飛脚は戻らない、つまり、他国から薩摩の国へ入り込んだ者が生きて戻ってこないのを恐れていった言葉である。

それほど鹿児島の閉鎖性は有名だったが、いまでも他県の人間にはかなり入り込みにくいところがある。鹿児島県以外の生まれで、銀行の支店長や新聞社の支局長に赴任した人は、本籍を鹿児島に移してその戸籍謄本を地元の人に見せなければ信用してもらえない時代がかなり続いたという。

しかし、一度打ちとければ鹿児島県人は情があつい。維新の雄、西郷隆盛の言葉「敬天愛人」をよく受け継いでいる。

鹿児島には「薩摩の大提灯」という言葉がある。上昇志向、中央志向の強い鹿児島県人は、明治維新以降、争うように東京に出た。とくに下級武士は警視庁の巡査になるものが多かったが、どんな分野でも、先に成功を収めた鹿児島県人がいると大きな提灯をかざして先頭に立ち、後輩はゾロゾロあとに従うという意味である。

特に薩摩の父・西郷隆盛に対する崇敬の念は極めて強く、あるテレビ局の数年前の調査では、鹿児島市内の普通の民家の一〇軒中八軒では、西郷の写真が居間に飾ってあったと言う。また私が同じく数年前に鹿児島市内の書店で調べたところでは、西郷の伝記その他、西郷に関する単行本で、店頭に並べてあるものは一〇種類にも達していた。県民の多くが、同じ様にひとりの人物を心から崇敬しているという県は、この鹿児島を除いては他には全く見られない。但しこの特徴は最近の若い世代の間では、次第に薄れつつあるというのもまた見逃せない事実のように思われる。

ＮＨＫ放送文化研究所が一九九六年に行なった全国県民意識調査において「公共の利益のためには、個人の権利が多少制限されてもやむをえない」という意見に対して、「ノー」と言う否定の答えは全国で第二位。また「本来自分が主張すべきことがあっても、自分の立場が不利になる時はだまっていることが多いですか」「今の世の中では、実力があっても学歴がなければ、なかなか社会では認めてくれないと思いますか」「仕事や生活の上で、新しいことを積極的にとり入れたいほうですか」「人とつきあうときには、なんでも相談したり助け合えるつきあいがよいですか」の問に対する「ノー」の答えはいずれも全国最高の第一位だった。

つまり鹿児島県人は個人の権利を強く尊重し、主張すべきことはあくまでも主張する。そして大事なのは学歴ではないと実力主義の立場を強調する。しかし新しいことを取入れようとはしないのであり、また人間関係は浅いつきあいを基本としている。このように見てくると、鹿児島県人の特色がよくわかってくる。この調査で、これほど多くの全国最高の答えを出した県は他には見られないし、この章の冒頭の「鹿児島は、かなりクセのある県だ」という表現とよく一致してくるように思われる。

夢は大きいが実行力に難

ここまで書いてきたことからおよそ想像できるように、鹿児島から経済人はあまり出ていない。桜島の噴火のような情熱は持っているが、ときに大言壮語して雲をつかむような行動に出る。緻密な計画性は持っていないから、どうしても行き当たりばったりになるせいだ。

その代わり、頑固なだけに一度決めたら最後まであきらめない。他人からどう思われようと、自分でこうと決めればとことん突き進む。どちらかというと、芸術家タイプになる。

鹿児島県人は、上下関係には厳格な意識を持っているが、それでは職場でも従順な部下になるかといえばそれも難しい。直情径行で、気の短い性格だから、しばしば上司とぶつかることもあるわけだ。腹を割って話し合い、納得し合えばこれほど頼もしい部下もいないのだが、それでも、一度決めた方針を変更するようなことがあると説得も一からやりなおしになる。

強い上昇志向はそのまま出世欲となってあらわれるが、不器用な鹿児島県人にはそのための具体的な計画がない。派閥の力学とか社内の力関係には疎いくせに、夢だけは大きい。したがって同僚からは、何を考えているのかわからないと思われるが、本人は大まじめなのだ。

男は偉ぶるが、じつは女のリードで動く

鹿児島の男尊女卑はあまりに有名だ。こんなエピソードさえある。

新婚の若い講師が鹿児島の大学に赴任した。まだ熱々だから、しばしば愛妻の買物のお供をしたのだが、これが隣人の逆鱗《げきりん》に触れてしまう。夫婦で連れだって歩くのは「にと連れ」と呼ばれて軽蔑の対象なのだ。若い夫婦は退去決議を食らい、とうとうアパー

トから追放されてしまった。

これは実際に起こった話である。

かつては物干し、洗面器の類《たぐい》まで男と女は別で、風呂の順番もどんな子供でも男であれば女より先だったという。もし、間違って女性が先に入ると、すぐにお湯を抜いて浴槽を洗い、湯を張り直したほどだった。

いまはさすがに昔ほどではない。それでも、男のやることにいちいち口をはさむ女はいないという。しかし、これはどうやら表向きのことで、男は天下国家を論じて空威張りをしているが、一家を仕切っているのはじつは女だともいわれている。

いい換えると、鹿児島の男は女のリードがなければ何事にもうまく立ち回れない。だから、浮気がばれたりすると女のほうから離婚を申し出るケースが多いという。

これは恋愛にも当てはまりそうだ。

たしかに鹿児島の男は頑固だが、腹の底から女性を見下げているわけではない。強がりだから、女ごときにというポーズを取るだけで、性根は案外、情が深い。それを態度になかなか出さないだけのことである。ふだんがぶっきらぼうだけに、いざ行動に示そうと思っても、自分で照れてしまうのだ。

女性は芯が強い。表向きは男を立てながら、しっかりリードしていく。「内助の功」

というと少し古いが、そんな性格があるようだ。

どちらも結婚相手としては堅実だ。とくに男の場合、非常に無骨な印象を与えるが、勤勉で安定した生活が保証される。

沖縄県人

沖縄県出身の有名人：具志堅用高、渡嘉敷勝男、安室奈美恵、大城立裕、又吉栄喜、砂川しげひさ、粟国安彦、尚真王、玉城朝薫、謝花昇、伊波普猷、徳田球一

男も女もやさしい

沖縄県に関するさまざまな統計記録や、アンケートの結果は非常に個性的なものとなる。そのほとんどのデータが、いずれもベストテンかワーストテンに入るからだ。日本全国の都道府県は、ある程度の地域差を示しながらも近隣する地域とひとつのグループをつくっていることが多い。たとえば九州や東北のように、広い範囲に共通した特徴が見られる。しかし、沖縄県だけは例外である。他のどんな地域とも異なるはっきりした

個性が見られる。それが、沖縄のおかれた地理的、歴史的特性をあらわしているようだ。

まず、沖縄は南国のイメージが強いにもかかわらず、その県民性は非常におとなしくて引っ込み思案という点が特徴だ。とくに異性に対する態度は、恥ずかしがり屋ではにかみ屋の傾向が強い。それでいて、人なつっこさが強いのである。

もうひとつのきわめて大きな特徴は、やさしさである。このやさしさは、しばしば、素朴、純朴、あるいは人情味などとも形容されるが、逆の意味で愚直などと表現されることもある。NHK放送文化研究所が一九七八年に行なった全国県民意識調査において「男にとっていちばん大切なものは何か」という問に対して「やさしさ」と答えた県民の比率が一三・三パーセントで、全国平均の七・一パーセントを大きく上回っていた。

また九六年の調査では「はじめての人に会うのは、気が重いほうですか」という問に対する「はい」の答えは全国第二位（一位は青森県）であり、「やさしくて、おとなしくて、引っ込み思案」という沖縄県人の特色がよくあらわれている。

ルーズさの裏の真実

沖縄県人は万事にルーズだという評価が聞かれる。たしかに、警視庁の調べでは運転免許証の紛失数がワーストテンで（人口比率ではかなり高い）、出生や転出入を届けない人の数は第一位という数字が出たことがある。年賀状の差し出し数は全国推計の半分以下で筆不精《ふでぶしょう》の面もある。

沖縄県の男性は決して派手ではないが、貯金するほど堅実でもない。預貯金率は全国で最低というデータもある。

そういった統計から、ルーズで消極的なイメージが広がり、そのいい加減さを称して生まれたのが「テエゲエ主義」という言葉だった。たしかに、沖縄県人には与えられた課題を徹底した緊張感のもとで、根気強く追求するといった粘りの姿勢は薄い。

しかし、沖縄県人がテエゲエというときに、かならずしも否定的な意味はない。「テエゲエヤサ」「テエゲエシッシンサ」というい方には、「そのくらいでいいよ」、「あまり根をつめてやるほどのことでもないよ」といった、一種のいたわりのニュアンスが込められている。決着をつけるとか、やり遂げるといった緊張感を、自分にも他人にも和らげることで成り立っている言葉なのだ。

ここに沖縄県人のやさしさがある。人間同士の決着を避け、むしろ融和や寛容さを生み出しているのが「テエゲエ」なのだ。それが一方では、ルーズさやいい加減さと受け止められるところに、沖縄の現実がある。

自由闊達だが、閉鎖的でもある

沖縄県人には、社会や国家の枠組みにとらわれない自由さが見られると同時に、身内や同郷の者同士で固まろうとする閉鎖性がある。

沖縄県人は全国でいちばん強い県民意識を持っている。よくいわれるように、ヤマトンチュウ対ウチナンチュウの強い意識があるからだ。沖縄県人は、自分の住む郷土や村を指して「ウチナー」と呼び、それ以外の日本社会を「ヤマトー」と呼ぶ。ウチナーに属する人が「ウチナンチュウ」で、それ以外は「ヤマトンチュウ」になる。

先にもあげた全国県民意識調査において「天皇は尊敬すべき存在だ」という意見に同意する答えは一九七八年も一九九六年もともに全国最低であり、しかも七八年には三五・七パーセントであったのが、九六年には三一・六パーセントへと減っているのである。ヤマトンチュウに対する反発心がここに反映しているわけで、しかもその反発心は七八年から九六年までの一八年の間に、ますます強くなっていることがわかる。

ウチナンチュウはウチナンチュウ同士で強く結束する傾向がある。これは異郷にあっても同じことで、沖縄県人同士のまとまりは非常に強い。

そういった閉鎖性の半面、海外に移民として飛び出す県人は数多く、国際性も十分に身につけている。しかし、飛び出した先の南米やハワイで、やはりウチナンチュウが固まっている。

ハワイの日系移民のなかでいちばん多いのは沖縄県人だが、沖縄出身の留学生はアルバイトがすぐに見つかる。ウチナンチュウが雇ってくれるからだ。南米でも同じで、ウチナンチュウの結婚相手はかならずといっていいほど、ウチナンチュウになる。

つまり、沖縄県人の強固な県民意識を支えているのは、「テエゲエ主義」に見られる思いやりと、ウチナンチュウとしての地縁、血縁の結びつきということになる。

沖縄県人のやさしさを支える女性文化

沖縄には独自のさまざまな伝統的民俗宗教がある。そのひとつが「オナリ神信仰」というもので、これが沖縄特有の女性（母性）文化と密接に結びついている。

オナリとは姉妹のことで、沖縄では姉妹が兄弟に対して霊力の上で優位に立っている。こうして、姉妹がいつも兄弟を守る霊的能力を持つという信仰がオナリ神信仰である。したがって、女性が男性より優位に立つことになる。

このような女性文化は、社会全体にマイルドな性格を与える。競争よりも助け合いを選ぶ心理が生まれる。いい方を換えれば、イエス、ノーがはっきりしない社会でもある。

沖縄では、たとえば企業が倒産して債権者集会が開かれたときでも、企業の責任を厳しく追及するという意識より、倒産に追い込まれた相手の境遇に同情する意識が強いという。これも、決着を目指して相手を追及するよりも、オブラートに包み込んでそれを避けようとするやさしさのあらわれである。

なお、北海道人のところでも触れたように昭和六十年以来、今日まで沖縄の離婚率は全国最高だが、その原因のひとつが、沖縄の男性のやさしさであり、もうひとつがこのオナリ神信仰だと国立歴史民俗博物館教授の比嘉政夫は指摘している。男性のやさしさのため、無理じいせずに女性の離婚したい気持ちを受け入れるのであり、またこのオナリ神信仰のため、沖縄ではお嫁に行った娘さんも祖先のお祭りがあるときは実家に戻り、家の祭祀の役割を担う。だから、離婚して戻ってきても、さほど大きな抵抗感を感じないというのである。

披露宴の壮観さに見る伝統意識

県外の人が沖縄を訪れて驚くのは、結婚式の壮観さだという。つい最近まで、披露宴の招待客が数百人というのも珍しくなかった。特別な家ではなく、ごくふつうの家でもそうだった。

これはもちろん、地縁、血縁を大切にする沖縄県人の伝統でもあるが、ほかにもいくつか、沖縄には独特の伝統が見られる。

たとえば、いまでもシャーマン(巫女)が重要な役割を果たしているのもそのひとつである。悩みごとがあるとシャーマンのところに行く。ときにはシャーマンが「どこの医者へ行け」と指示することもある。沖縄のシャーマンは「ユタ」と呼ばれているが、いまだに日常生活のなかできわめて重要な役割を果たしているのはほかに見られない特徴だ。

沖縄の人は、ほとんど誰もが伝統的な沖縄の踊りができる。東京で県人が集まると、必ず衣装を持参してきてみんなで踊る。伝統芸能の保存や継承活動がこれほど活発な県も珍しいだろう。

他人と競争はしない

ここまでかなり詳しく沖縄の県民性について述べたので、おおかたの輪郭はつかめたと思う。

沖縄県人とつきあう場合には、南国だから情熱的とか、血気が盛んとか、正反対の先入観にとらわれないことだ。沖縄県人はたしかに明るくて、人なつっこい面もあるが、内気で恥ずかしがり屋でやさしい性分を持っている。人と対決したり競争することはあまり好まないのである。

しかし、誠実で素朴な性格だ。ルーズに見えるところもあるが、決してなげやりではない。厳しさに欠け、曖昧に見えるのも寛容さの裏返しのことが多い。

あとがき

この本は私の前著『出身県でわかる人柄の本』(同文書院、一九九三)をもとにして加筆修正したものである。

私は以前に『県民性——文化人類学的考察』(中央公論社、中公新書、一九七一)を著したが、実はこの時には「沖縄」はまだ「復帰」しておらず、従って沖縄についてはまったく記していなかったのである。また九州についてはスペースの関係で記述が非常に簡略になってしまった。そこでこれらの点を補って書いたのが同文書院の前著なのであるが、今回は新しい資料を付け加えるなどして、更に大幅に書き改めることにした。

私自身は東京の下町・浅草の医者の家に生れ育った。その後、本所・錦糸町の現在の両国高校(当時は東京府立第三中学校)に進学した時は、友人の大部分は神田、日本橋を中心に、本所、深川、更には千葉、市川等々の出身であったが、私のような「浅草」出身の者は浅草公園、特に「吉原」に近接している土地の出身だとして甚だしく蔑視された。更にその後、旧制の都立高等学校(今の都立大学)へ進学すると、同級生の殆どは東京の山の手の人たちであり、下町・浅草に住む私は散々に馬鹿にされることが多かった。こうした経験を経て、同じ東京の中にも山の手と下町という文化が存在することを痛感するにいたったのであった。

その後、大学に入って大学院に進み、文化人類学を専攻することにしたのだが、最初にフィールドワークを行なったのは青森県津軽の農村であった。そしてそのあとで岡山県の農村を調査し、同じ日本の農村でもその文化と住民のものの考え方には大きな地域差があることを知った。私が県民性というものに関心を抱いたのはこのときである。その後、幸いにして私は都立大学人文学部、明治大学政治経済学部において学生とともに全国各地の農村漁村を調査し、国立民族学博物館に移ってからは農林水産省生活改善課（後に婦人生活課）の事業の一環として農村漁村の高齢者の生活史を収集することが出来た。こうして四七都道府県に脚を踏み入れることが出来、この本はこうして集めた資料に基づいて出来上がったものだが、これに加えてＮＨＫ放送文化研究所が一九七八年と一九九六年に行なった全国県民意識調査の結果がもとになっている。

これらの資料収集にあたってお世話になった多くの方々、そして新潮文庫編集部の庄司一郎さんに心からお礼申し上げたい。

二〇〇〇年九月　　祖父江孝男

この作品は一九九三年七月同文書院より刊行された
『出身県でわかる人柄の本』に、大幅加筆したものです。

新潮OH!文庫○最新刊

あなたの身近な「困った人たち」の精神分析
——パーソナリティ そのミクロな狂い——

小此木啓吾

職場や家庭で人を傷つけ困らせる人たち。そんな身近な上司、部下、同僚、夫、妻などをどう理解し、関わるべきなのか? その具体的な対処法を示す。

かわいい。

シンラ編集部編

ふわふわの赤ちゃんペンギン、やんちゃな双子の子象、1日19時間睡眠のコアラ……ひと目見てカワイイ、も一回見てもっとかわいい、とっておきの写真集。

マイカラー・マイナンバー

ルイーズ・L・ヘイ
長原淑子訳
島田精治絵

誕生日の数字で決まるあなただけの色と数字。数字は1から9、11、22。恋愛・仕事・投資・ギャンブルetc. 全米を興奮させるミリオンセラーの数秘学占い!

新潮OH!文庫 058

県民性《けんみんせい》の人間学《にんげんがく》

著者 祖父江孝男《そふえたかお》

2000年12月10日発行

発行者 佐藤隆信
発行所 株式会社 新潮社
郵便番号 162-8711
東京都新宿区矢来町71
電話 編集部(03)3266-5440
読者係(03)3266-5111

印 刷 二光印刷株式会社
製 本 株式会社植木製本所

ISBN4-10-290058-6 C0136